쉽고 신나는 반주 곡집

Piano 최신음악 짱

1.2.3권(합본)

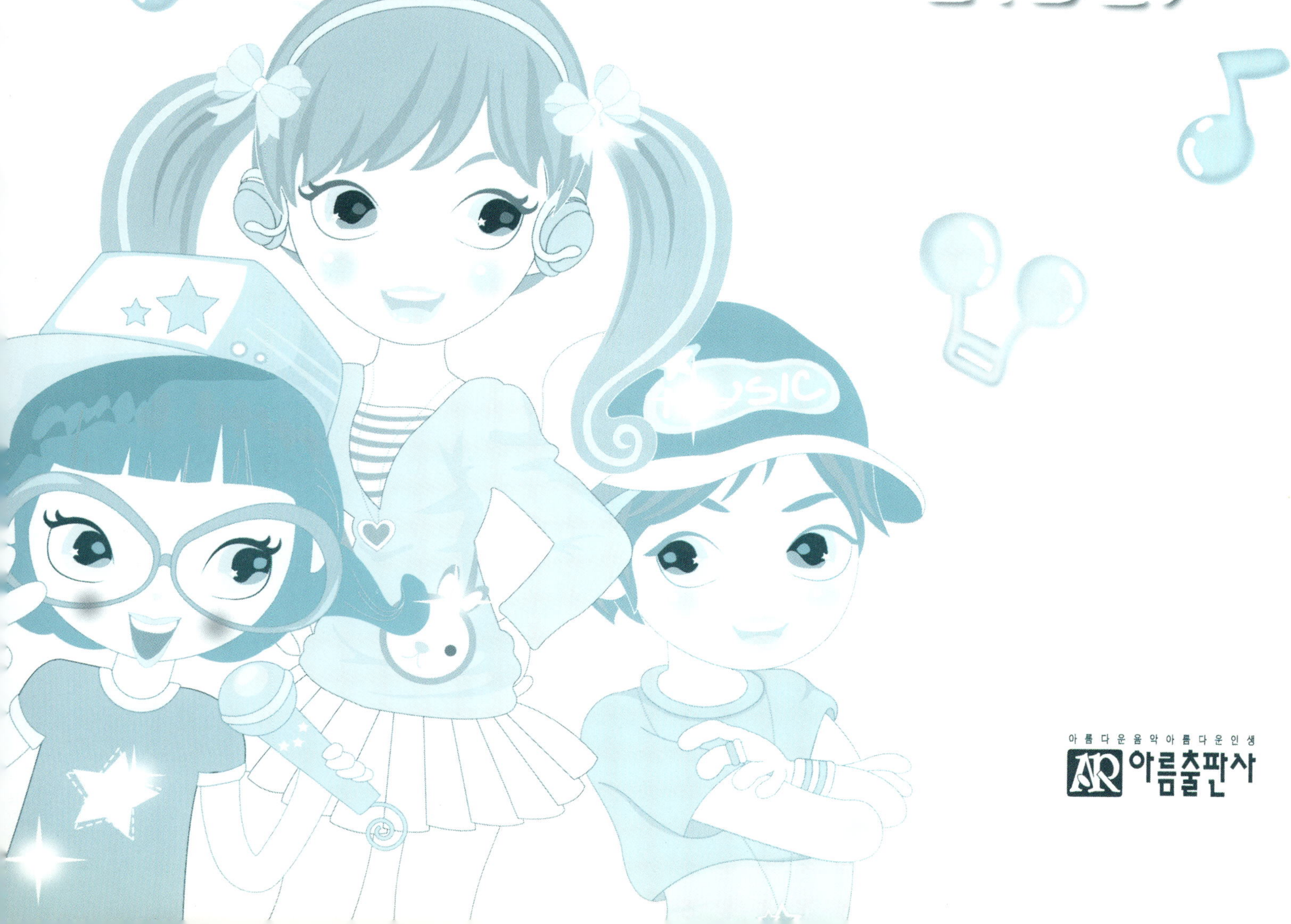

아름다운음악아름다운인생
아름출판사

쉽고 신나는 반주 곡집
Piano
최신음악 짱 1,2,3 권
〈합본〉

♥ CONTENTS ♥

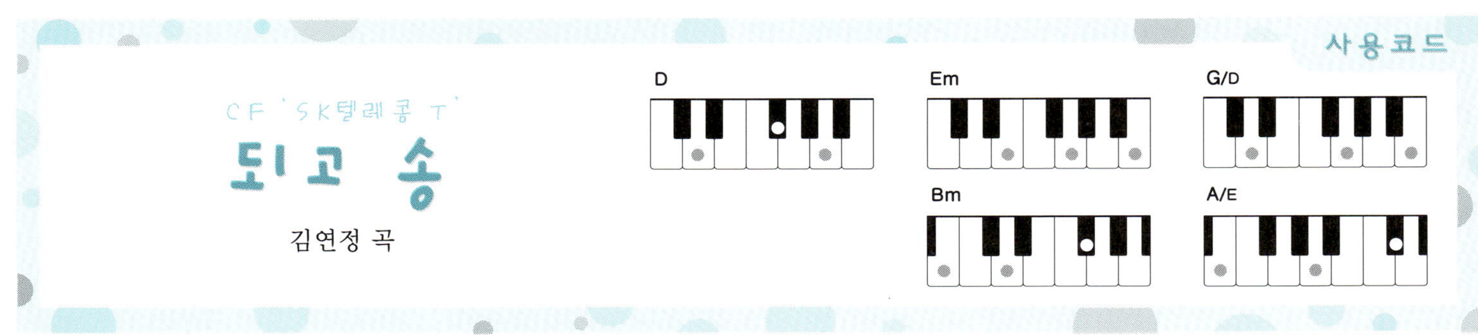

사용코드

CF 'SK텔레콤 T'

되고 송

김연정 곡

D
Em
G/D
Bm
A/E

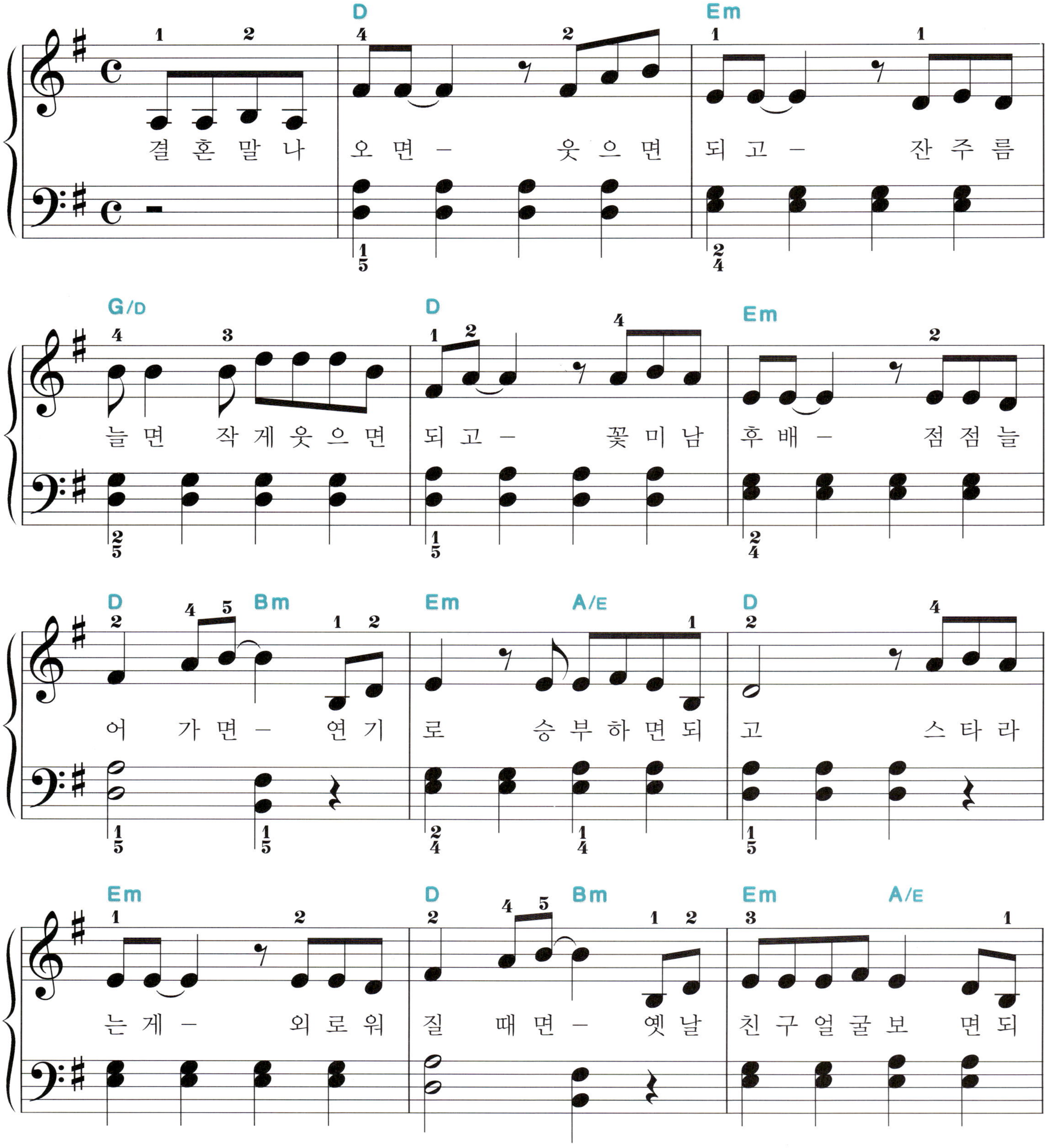

D Em
결 혼 말 나 오 면 - 웃 으 면 되 고 - 잔 주 름
G/D D Em
늘 면 작 게 웃 으 면 되 고 - 꽃 미 남 후 배 - 점 점 늘
D Bm Em A/E D
어 가 면 - 연 기 로 승 부 하 면 되 고 스 타 라
Em D Bm Em A/E
는 게 - 외 로 워 질 때 면 - 옛 날 친 구 얼 굴 보 면 되

• 비긴 리듬으로도 반주해 보세요.

고 컴퓨터 할일 대신해주면 되고 어머나
네 이버 — 똑같이 되고 거짓말 같 으면 — 해보
면 되고 — 인터넷 생각대로하 면되 고 생각대로 T

5

Hawaian Couple

이지린 사 | 이지린 곡 | 허밍어반스테레오 노래

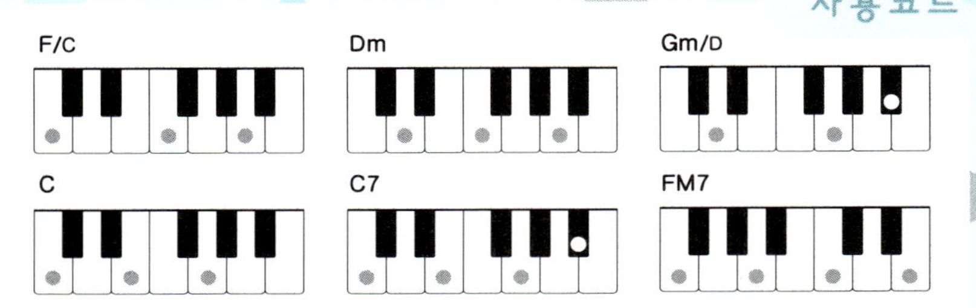

폭스 트로트 리듬으로도 반주해 보세요.
F/C Dm Gm/D C
F/C Dm Gm/D C
이런저런 시시콜콜 반짝반짝 - 길들여진
F/C Dm Gm/D C
이래저래 - 알쏭달쏭 사방사방 - 익숙해-진
F/C Dm Gm/D C
우릴맞이했 -던해변가엔 옛유행노 -랠흥얼거려
F/C Dm Gm/D C7 FM7
우릴축하 -했던바람소 리-가 우릴고 -조시-켜

드라마 '사랑해' 삽입곡

마요네즈

정은경 사 | 이종수 곡 | 한소아 노래

사용코드

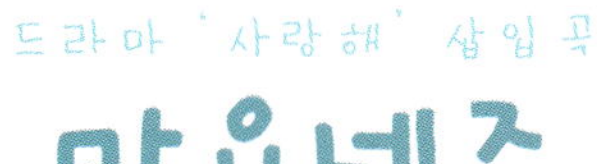

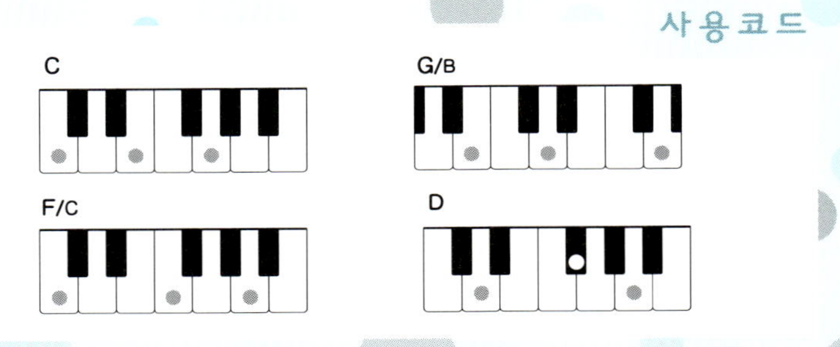

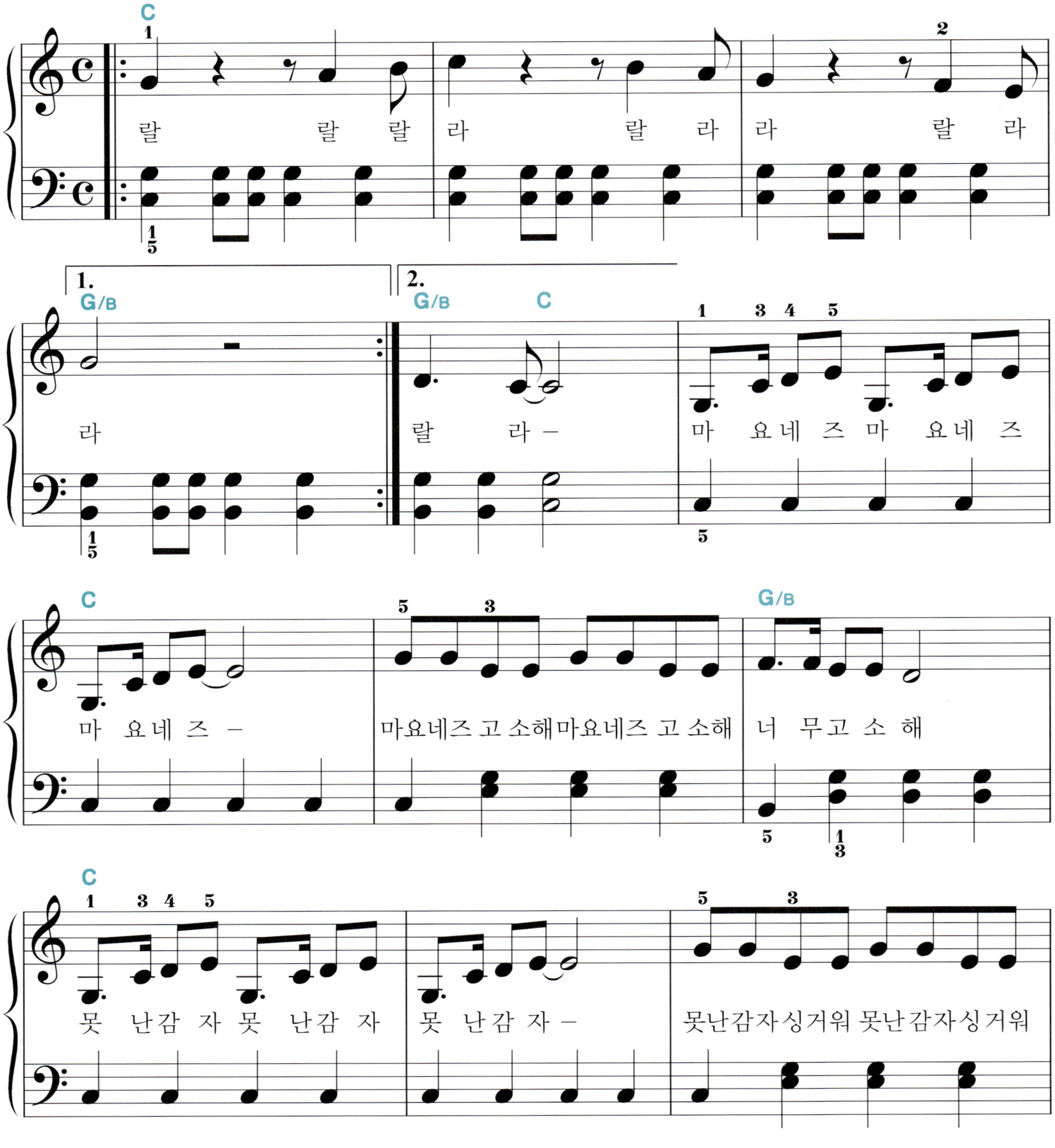

칼립소 리듬으로도 반주해 보세요.

너 무 싱 거 워
인 기 많 은 마 - 요 네 즈
니 가 좋 은 걸 -
못 난 감 자 쑥 - 스 럽 게
고 백 을 하 네 -
평 생 토 록 나 - 의 곁 에
함 께 해 줄 래 - 우 린
환 상 의 샐 러 드
마 요 네 즈 마 요 네 즈
마 요 네 즈 -
마 요 네 즈 고 소 해 마 요 네 즈 고 소 해
너 무 고 소 해

사용코드
드라마 '아빠 셋, 엄마 하나' 삽입곡
그게 사랑이야
휘성 사 | 황찬희 곡 | JOO 노래
D   A   G/B   G   Bm   Em
잘 모르지만 － 그 누군가나 － 를붙 － 들고 －
잘 모르지만 － 또 누군가나 － 를붙 － 들고 －
사 랑이란걸 － 알고있냐물 － 어본 － 다 면 － 자꾸예
사 랑없이도 － 살수있냐물 － 어본 － 다 면 － 비가올
－ 쁜옷만 보이 고 －거울과 －친해 지는 것 －그런게아닐까
－ 때마다 울테 고 －또가을
1.
2.
－마다 길 을 못걸 고 －로맨틱 －한영화 하트모 －양까지 나를괴

• 비긴 리듬으로도 반주해 보세요.

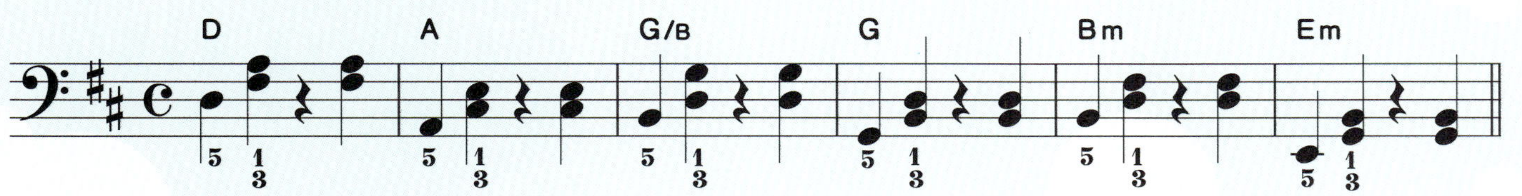
D A G/B G Bm Em

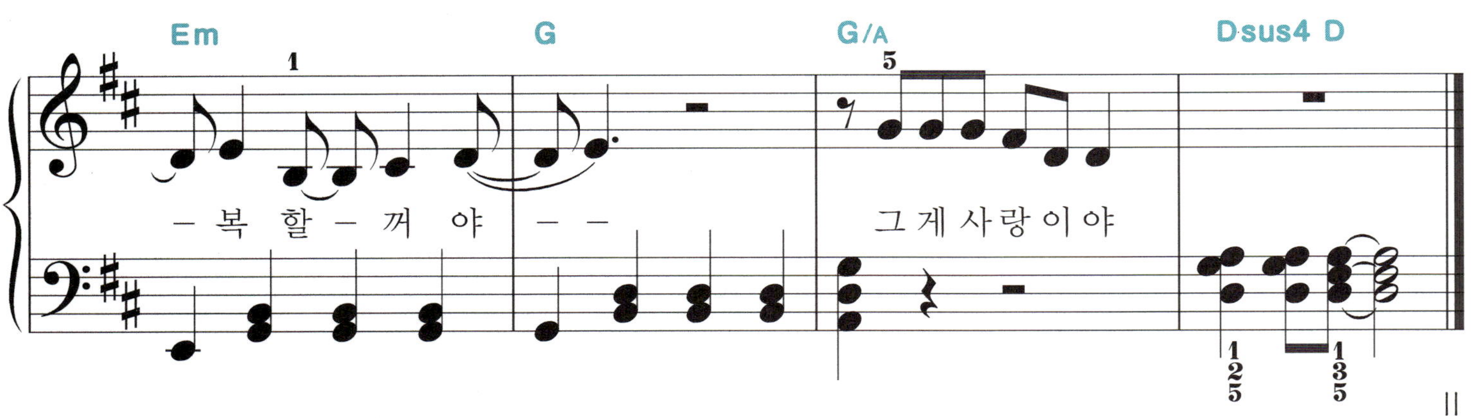
G A D A/C#
-롭혀 못 살 아 — 사랑때문에 — 난 사는거야 — 나 에게는사
사랑을주고 — 사랑을받고 — 그 마음을평

Bm 1. G/B D
— 랑이 -전부인 — 걸 그무엇과도 — 바꿀수없는
— 생각 -직하는

A/C# G/B 2. G Em
— 어린소녀일 -기 같-은 것 — 그 뿐이면모 -든 것 - 이 행

Em G G/A Dsus4 D
-복 할 -꺼 야 — — 그게 사랑이야

One more time

이민우 사 | 외국 곡 | 쥬얼리 노래

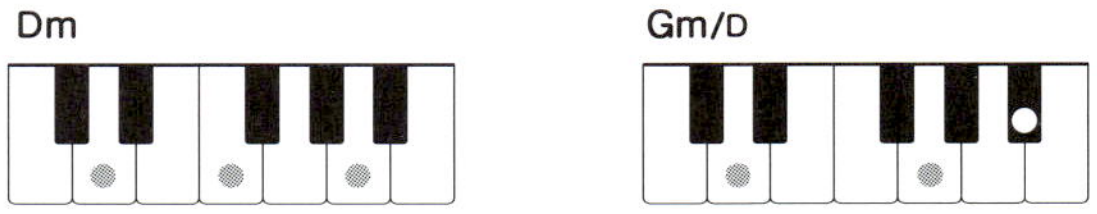

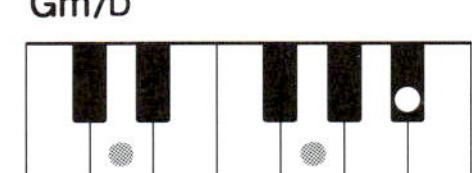

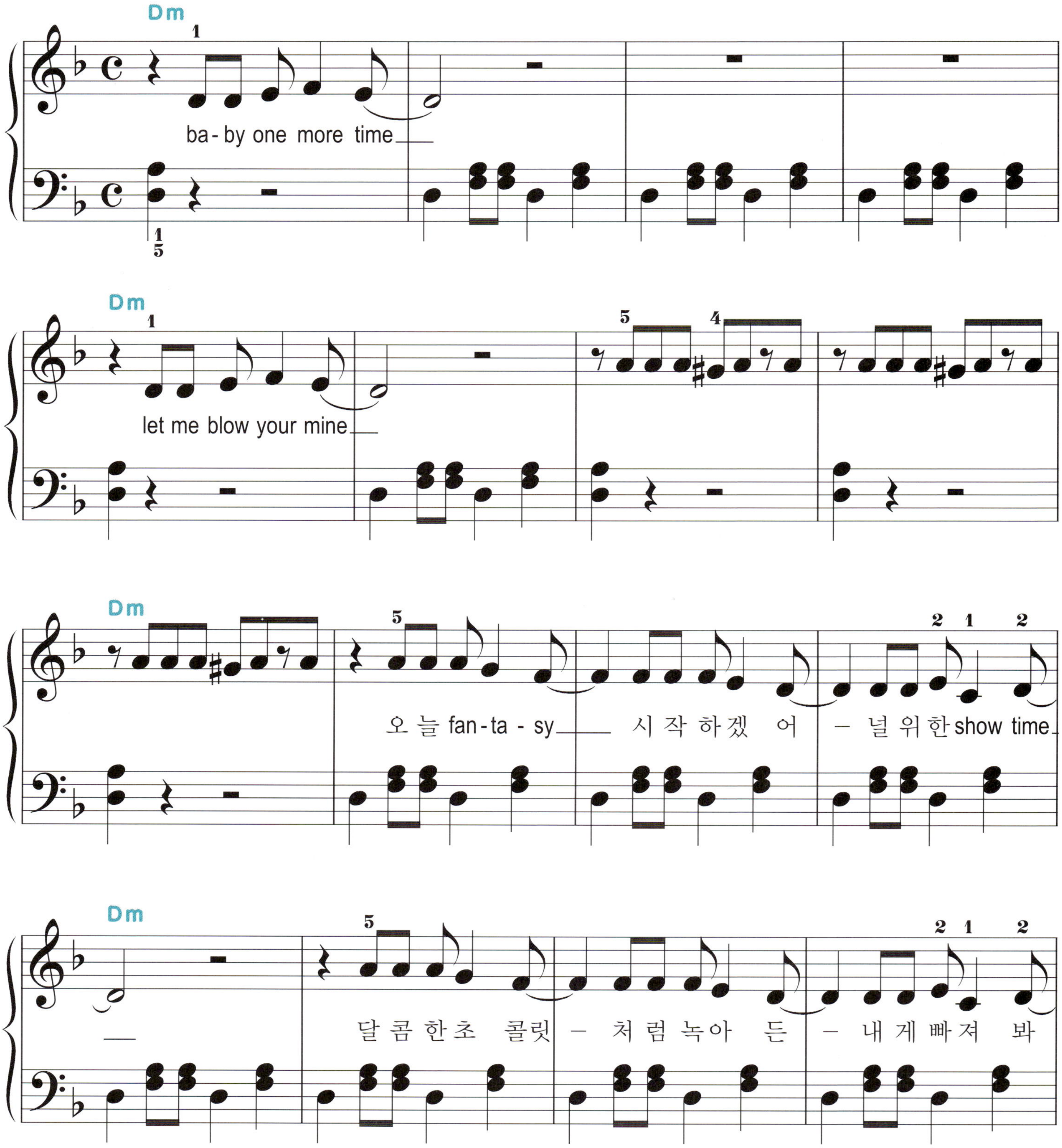

• 칼립소 리듬과 비긴 리듬으로도 반주해 보세요.

섹시한눈빛 과 ―뜨거운몸짓 에 ―좀더다가 와

이밤을지새울 ―한심한늑대 들 ―나를안아 줘

― ba - by one more time

let me blow your mind

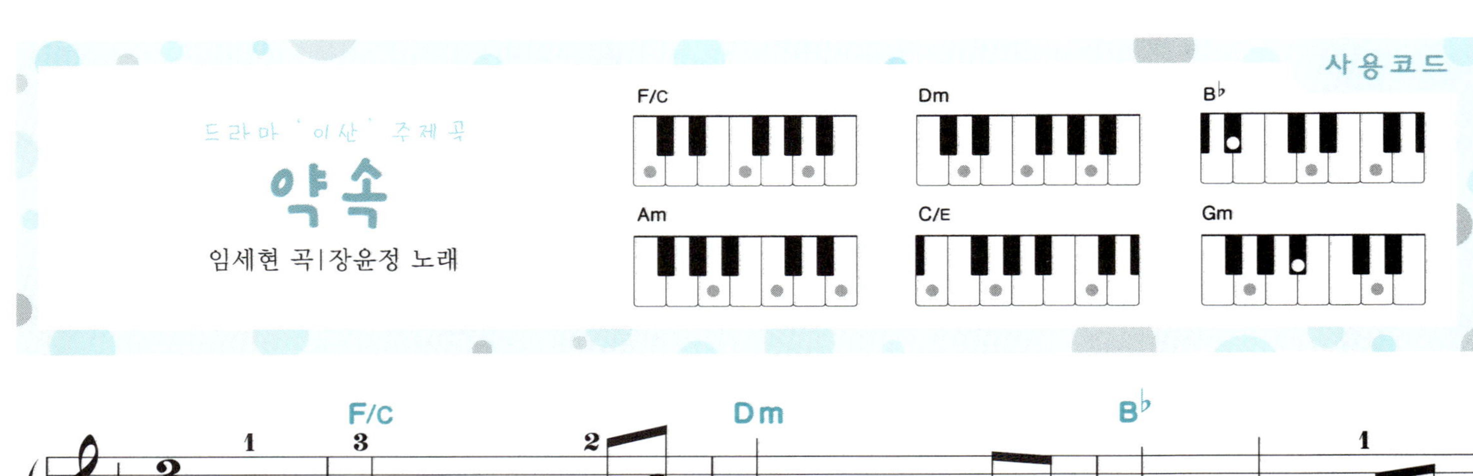
사용코드
드라마 '이산' 주제곡
약속
임세현 곡|장윤정 노래
F/C
Dm
B♭
Am
C/E
Gm
F/C
Dm
B♭
기 억 하 나 요 가 슴 아 픈 사 연
Am
F/C
C/E
Dm
Gm
을 내 님 오 실 날 을 저 울 질 하 나-
Am
F/C
Dm
B♭
요 한 참 후 에 야 그 마 음 을 알 았
Am
F/C
C/E
Dm
B♭
C/E
죠 내 가 아 닌 곳 에 머 물 러 있 다 는

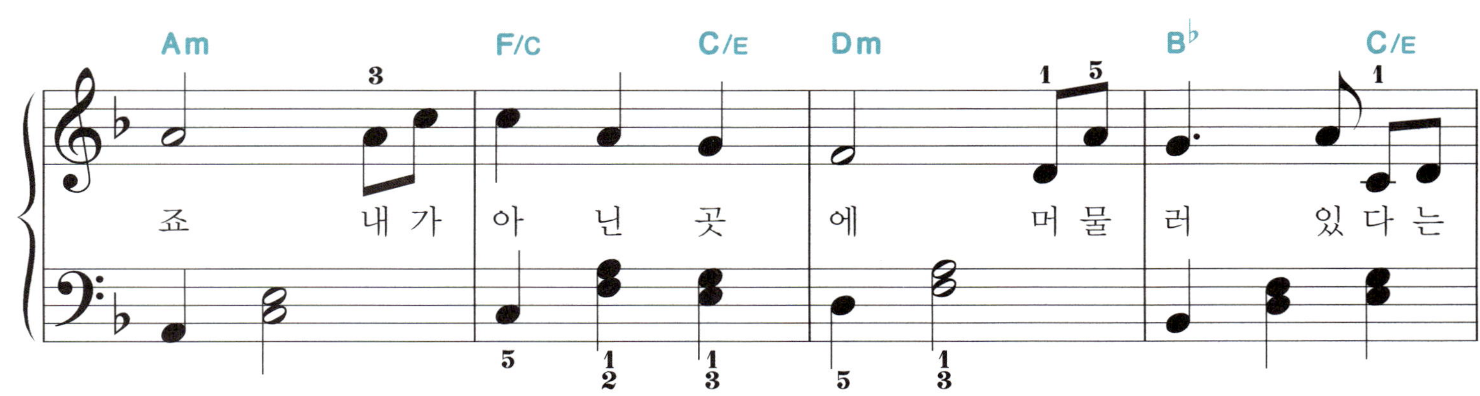

• 왈츠 기본 리듬으로도 반주해 보세요.
F/C Dm B♭ Am Gm

F/C Dm Am/C B♭
걸 내게 올 순 없나 요 사랑 할 순 없었

F/C C/E Dm Am/C B♭
나요 — 그대 해 일수없 는맘 — 나 였 던 가

C F/C Dm B♭
요 잊 지 말아 요 가슴 아 픈 사 랑

Am F/C C/E Dm B♭ C/E F/C
이 슬퍼 하는 날 엔 내가 서 있을께 요

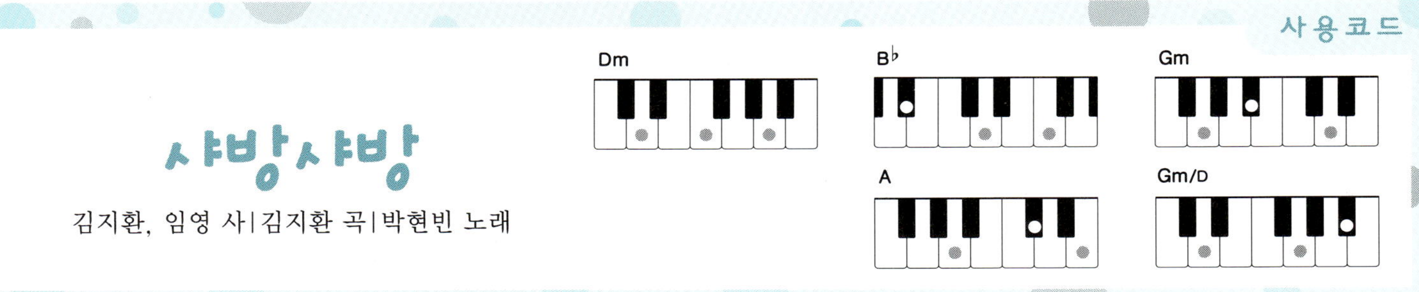

샤방샤방

김지환, 임영 사 | 김지환 곡 | 박현빈 노래

폭스 트로트 리듬으로도 반주해 보세요.

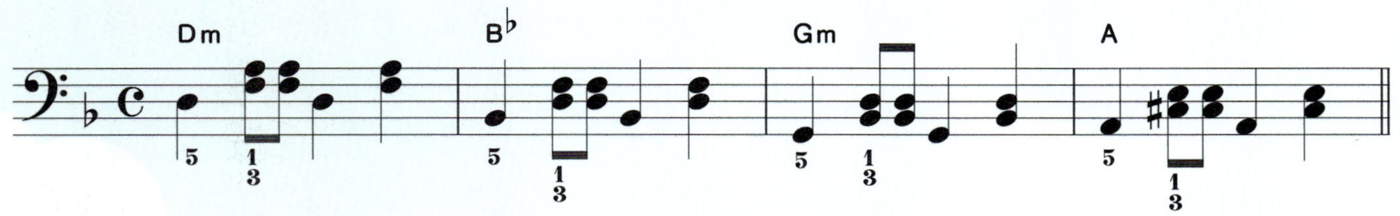

얼굴 도 샤방 샤방 — 몸매 도 샤방 샤방 —

모든것 이 샤 — 방 샤 — 방 — 샤방 샤방 —

얼굴 은 브이라인 — 몸매 는 에스라인 —

아주그냥 끝 내 줘 요 —

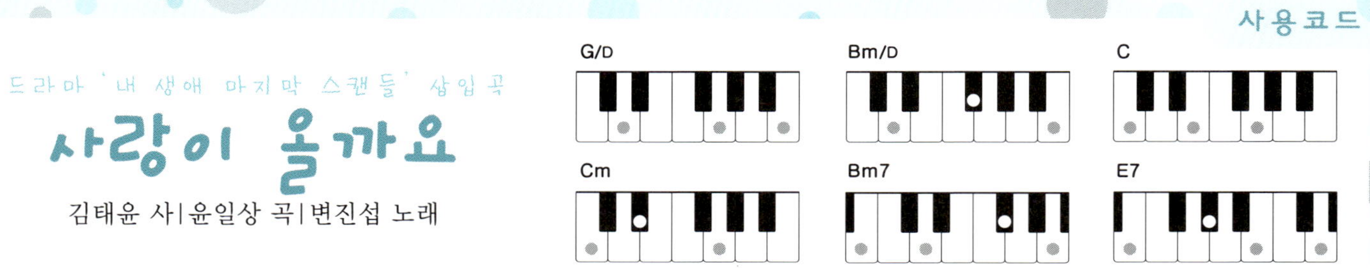
사용코드
G/D   Bm/D   C
Cm   Bm7   E7
드라마 '내 생애 마지막 스캔들' 삽입곡
사랑이 올까요
김태윤 사 | 윤일상 곡 | 변진섭 노래

G/D
Bm/D
사랑 이   올 까요 -   또다시내 게   올 까요 -

Bm/D   C   Cm   Bm7
다시 는   없 을것-만 같   -았 었-던 그   사 랑 이-

E7   Am7   D   Bm7(♭5)
가슴 이 뛰 네요 -   오래 전   사 랑을-잃고멈

E7/B   Am7   D   1. G/D   C   D
-춰 있-던   내맘 이- 또   다시뛰 -네 요   -

• 폭스 트로트 리듬으로도 반주해 보세요.

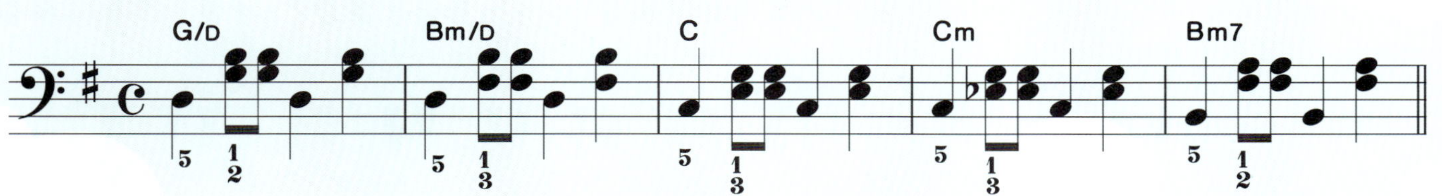
G/D   Bm/D   C   Cm   Bm7

Em   Bm7/D   C   D7   G/D
아무리 비 —켜 서 —도 나   못 피 하 — 나 봐   —   모른 척

Em   BM7   C   D   G/D
— 고개를 돌 —려도   자꾸내 —가슴이너를찾아 —   사랑아

CM7   D/C   Bm7   Em7/B
—닌줄만알았 어 —   더 다가와도   고갤 저 —었어 —   내 마음속에

Am7   G/B   Cm   Dsus4   2.G/D
어느센 —가 들 —어온 너란걸모 —르고 —오 — 사랑이 —

사용코드
C   E7/B   Dm7/A
F/A   A7   Csus4

드라마 '온에어' 삽입곡
한가지 말
한성호 사 | 한성호 곡 | F.T 아일랜드 노래

F/G
C
E7/B

내가한가지 못 하는말
내게눈물만 주 었던말
내가한가지 못 듣는말
내게아픔만 주

E7/B
Dm7/A
F/A
F/G

사랑해 널 사랑해 한 마디를 가슴에숨겨놓고

2.
E7/B
A7
Dm7/A
F/A

었던그 말을 이렇게 널 보내는 순 간에도

F/G
G/D
Csus4
C

말 하 지 못 하 는 말 널 사 랑 해

Fine

• 폭스 트로트 리듬으로도 반주해 보세요.

C   E7/B   Dm7/A   F/A

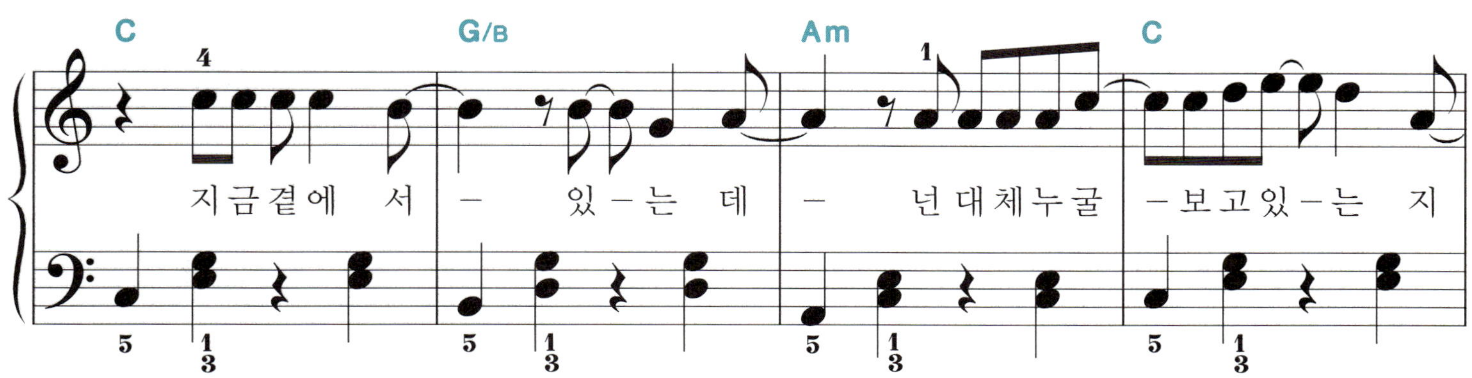
C   G/B   Am   C
지금곁에 서 - 있 - 는 데 - 넌 대체누굴 - 보고있 - 는 지

F/C   Em/B Am   Dm G/D C Am
- 내맘하나모 - 르는 - 네 가 원망 - 스러 - 한번만뒤를

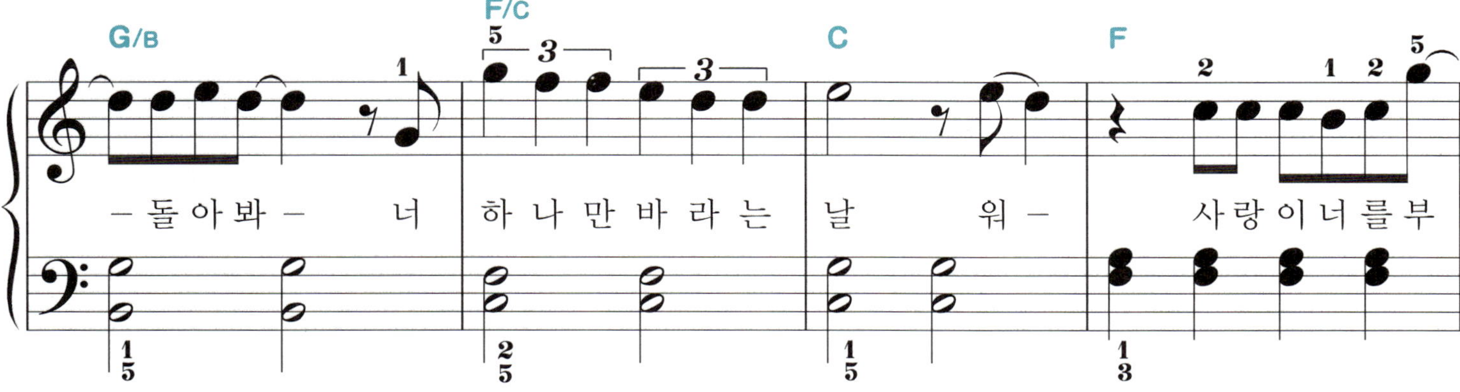
G/B   F/C   C   F
- 돌아봐 - 너 하나만바라는 날 워 - 사랑이너를부

Em Am/E   Dm   F/C   G/D
- 르는데 - 먼 - 곳만보고 아 - 파하고있는거야 -

D.C. al Fine

아이처럼

김동률 사 | 김동률 곡 | 김동률 노래

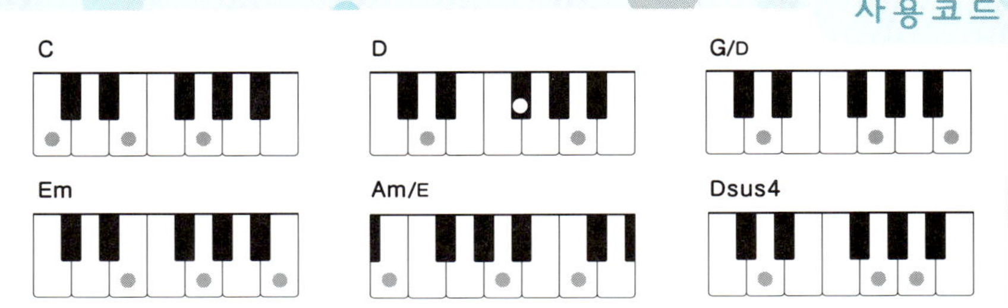

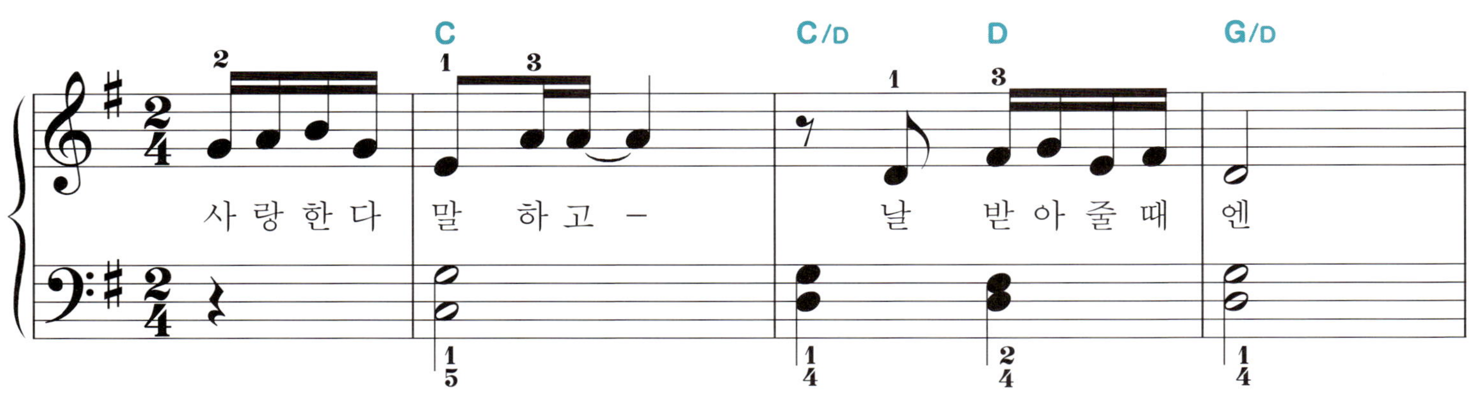

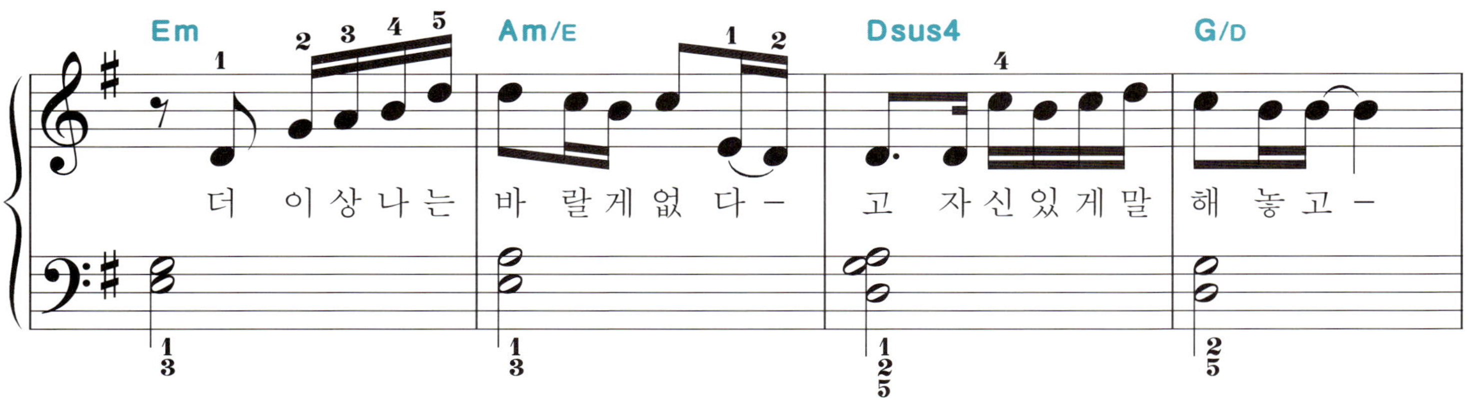

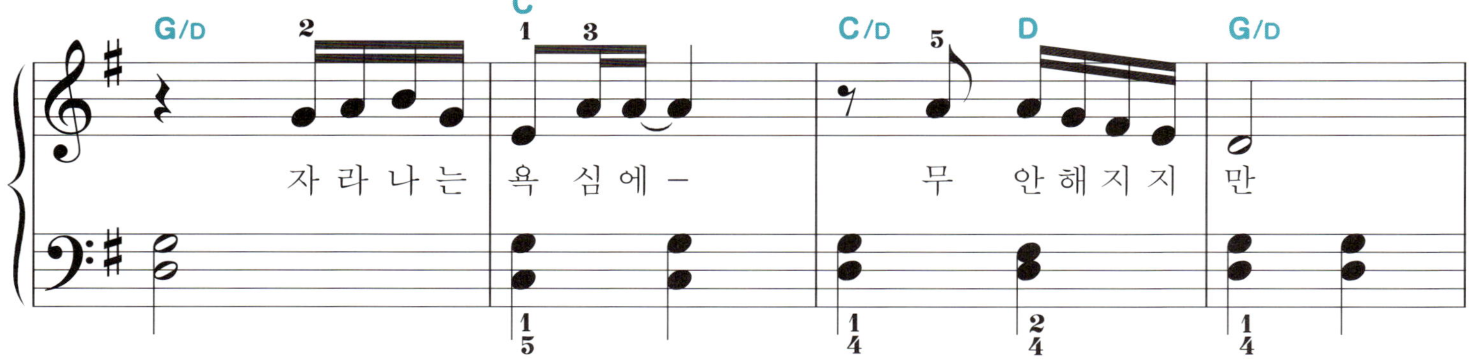

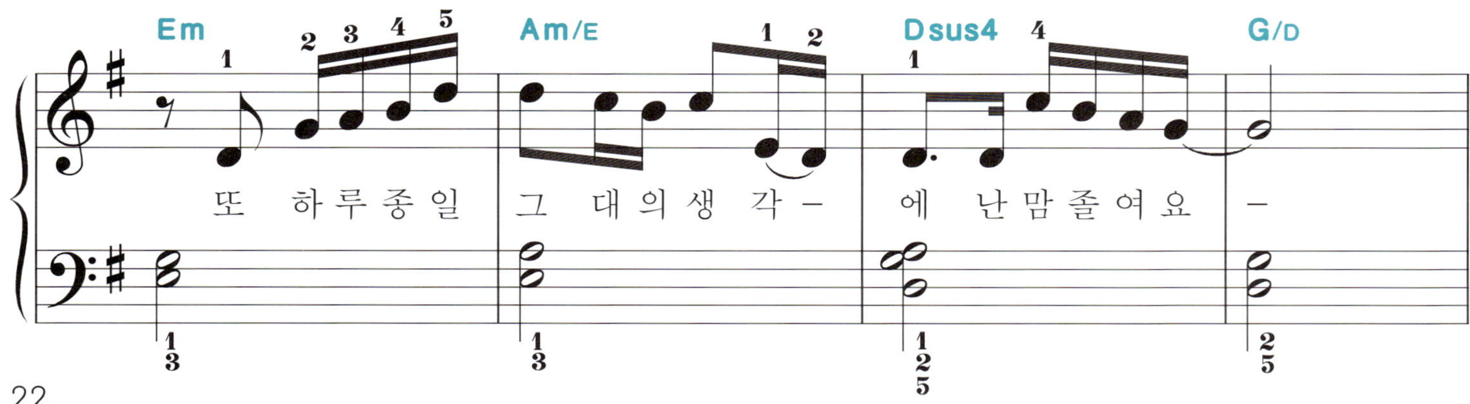

왈츠 리듬의 변형으로도 반주해 보세요.

샘 이 많 아 서ー
겁 이 많 아 서ー
이 렇게나의 곁 에서웃 는ー 게 믿어지지가 않 아 서ー
너 무 좋 아 서ー ー 너 무 벅 차 서ー
눈을뜨면 다 사 라질 까ー 봐 잠못들어요 ー ー

사용코드
CF '비씨카드'
산골 소년의
사랑이야기
예민 사 | 예민 곡 | 예민 노래
D A G
Bm F#m A/E
D A D
풀 잎 새 따 다 가 엮 었 어 요
D G A D
예 쁜 꽃 송 이 도 넣 었 구 요
D G A Bm
그 대 노 을 빛 에 머 리 곱 게 물 들
G A D
면 예 쁜 꽃 모 자 씌 워 주 고 파

왈츠 기본 리듬으로도 반주해 보세요.

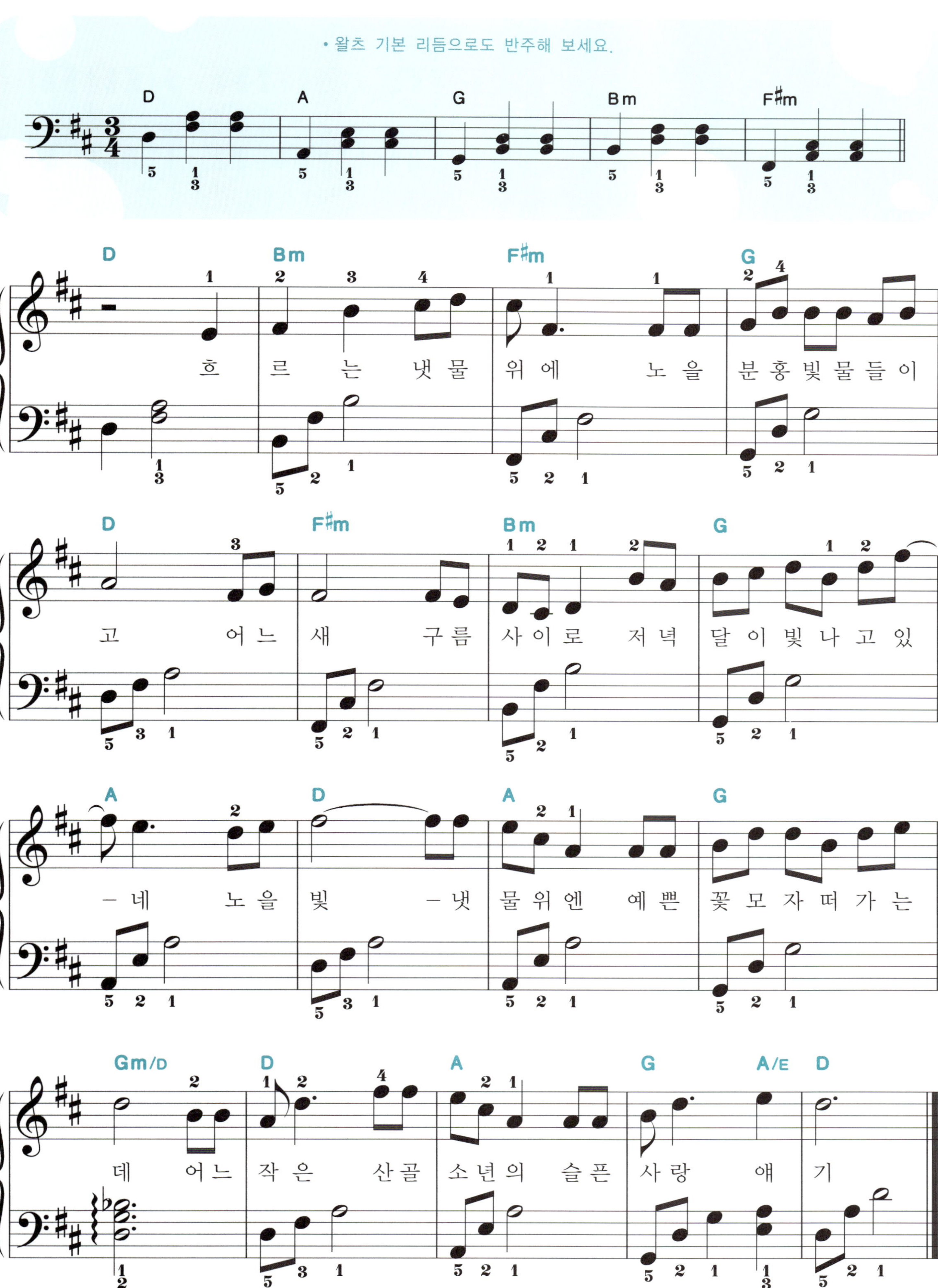
호 르 는 냇물 위에 노을 분홍빛물들이
고 어느새 구름 사이로 저녁 달이빛나고있
—네 노을빛 —냇 물위엔 예쁜 꽃모자떠가는
데 어느작은 산골 소녀의 슬픈 사랑 얘 기

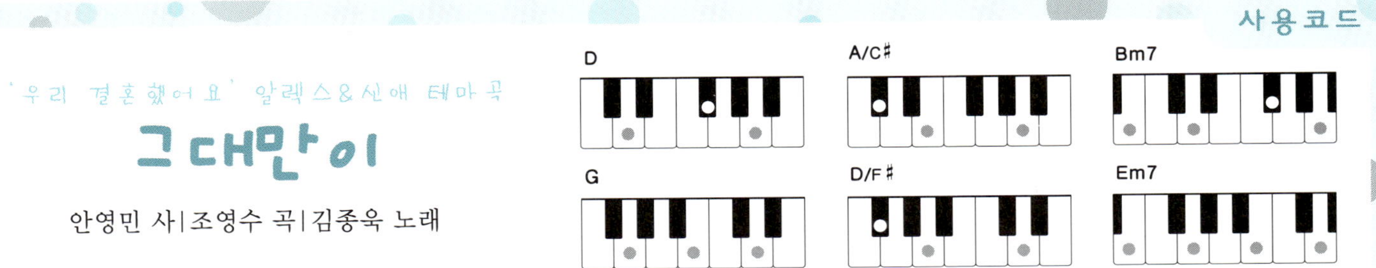

사용코드
'우리 결혼했어요' 알렉스&신애 테마곡
그대만이
안영민 사 | 조영수 곡 | 김종욱 노래
D
A/C#
Bm7
G
D/F#
Em7

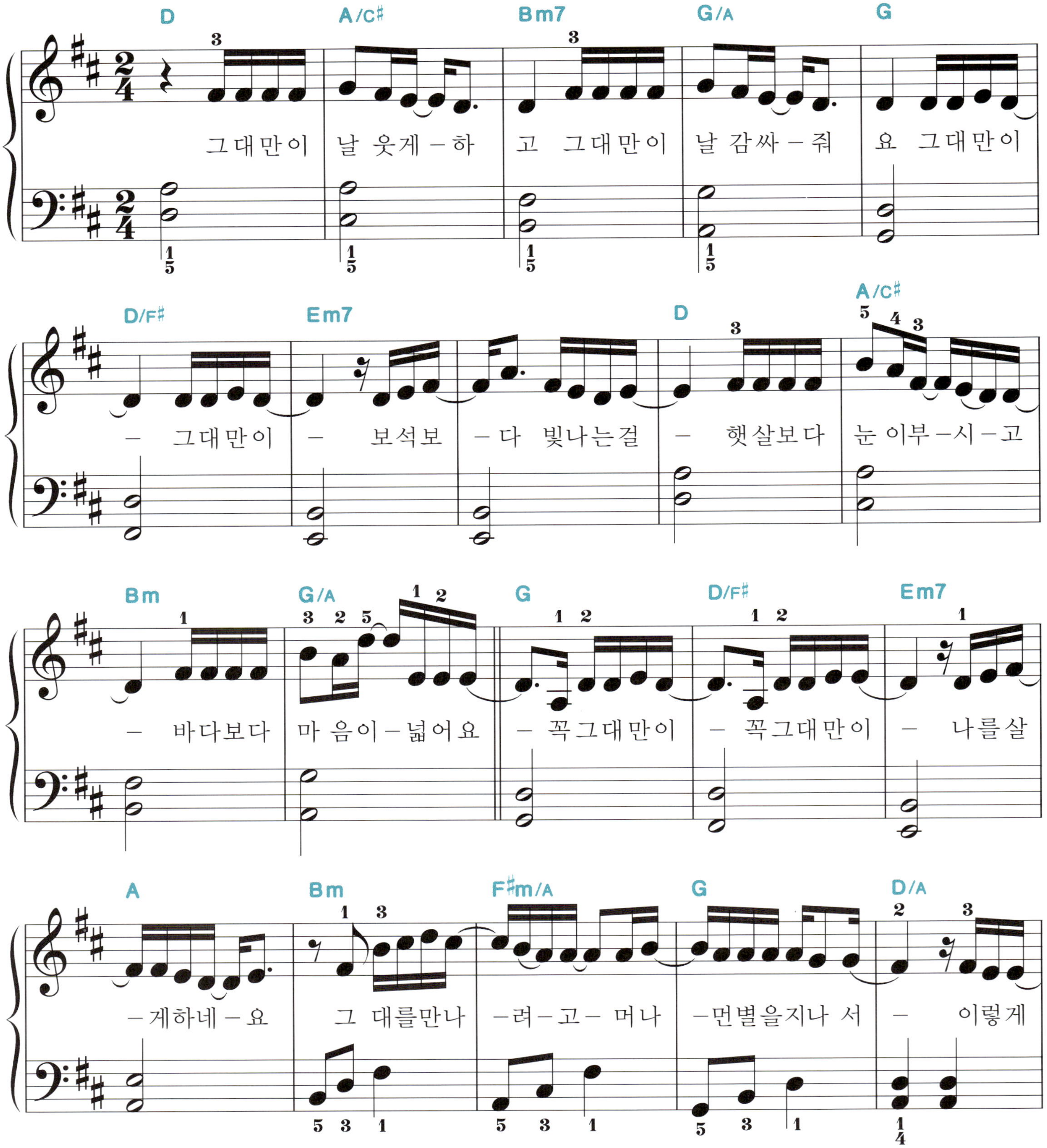

D   A/C#   Bm7   G/A   G
그대만이 날 웃게 - 하 고 그대만이 날 감싸 - 줘 요 그대만이
D/F#   Em7   D   A/C#
- 그대만이 - 보석보 - 다 빛나는걸 - 햇살보다 눈 이부 - 시 - 고
Bm   G/A   G   D/F#   Em7
- 바다보다 마 음이 - 넓어요 - 꼭그대만이 - 꼭그대만이 - 나를살
A   Bm   F#m/A   G   D/A
- 게하네 - 요 그 대를만나 - 려 - 고 - 머나 - 먼별을지나 서 - 이렇게

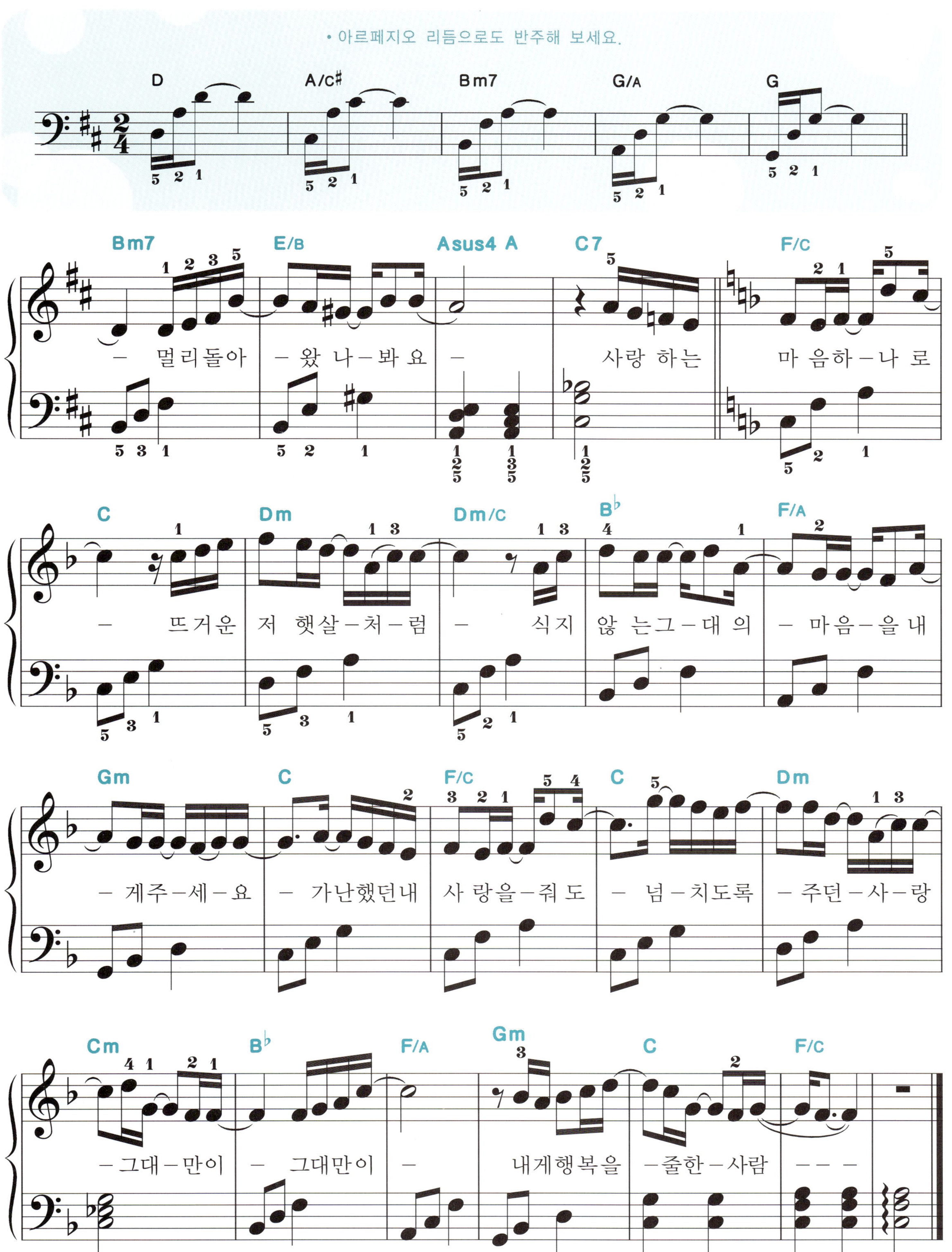
아르페지오 리듬으로도 반주해 보세요.
멀리돌아 왔 나-봐요 사랑 하는 마 음하-나 로
뜨거운 저 햇살-처-럼 식지 않 는그-대 의 마음-을 내
게주-세-요 가난했던내 사 랑을-줘 도 넘-치도록 주던-사-랑
그대-만이 그대만이 내게행복을 줄한-사람

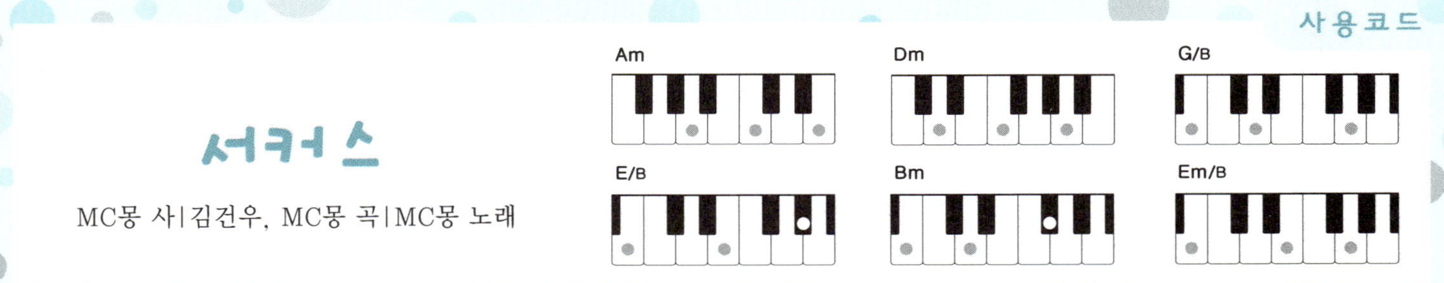

서커스

MC몽 사 | 김건우, MC몽 곡 | MC몽 노래

• 아르페지오 리듬으로도 반주해 보세요.
Am Dm G/D C E/B
5 1 3 1 5 1 3 1 5 1 2 1 5 1 3 1 5 1 3 1

Bm Em/B A D C#7 F#
야 야 야야 야야 야 야야야 야야 야 야야야 야야 야 야 야 야

Bm Em/B D F#/C# Bm
야 야 야야 야야 야 야야야 야야 야신나는몽이 유랑 단 찬바람

Bm Em/B A D C#7 F#
불 때 내게와줄 래 세상이모질 게 그댈괴롭힐 때 신 나게

Bm Em/B D F#/C# Bm
놀 자 웃자한바 탕 하하하하하 하신나는몽이유랑 단

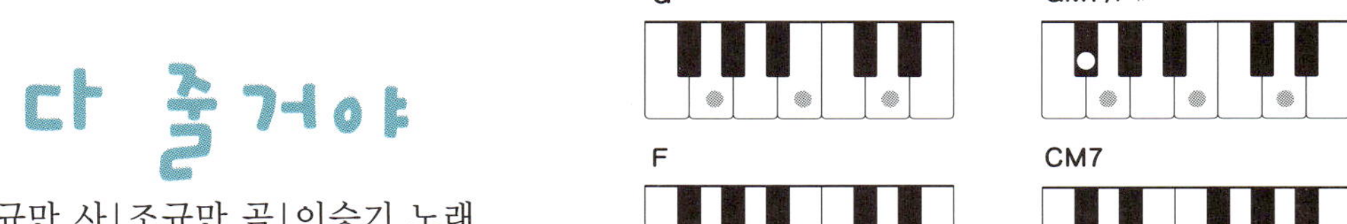

다 줄거야

조규만 사 | 조규만 곡 | 이승기 노래

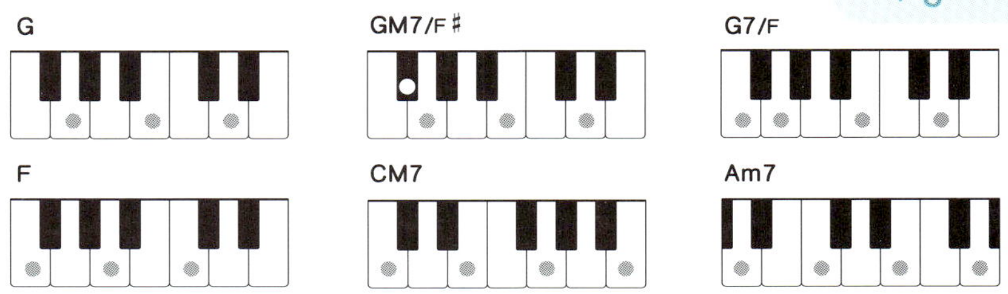

아르페지오 리듬으로도 반주해 보세요.

힘이들땐실 컷울ー어
눈물속에아 픈기ー억 떠나 보 내게ー 내품ー에서
ーーー서 글ー픈 우리의 지난날ー들ー을 서로ー 가 조금씩
감 싸줘ー야ー해 난네ー게 너 무나ー도부 ー족하ー겠 지ー만ー
ー 다 줄꺼 야 내 남은모ー든사ー랑을 ー

보고싶은 날엔
한상원 사|한상원 곡|박지헌 노래

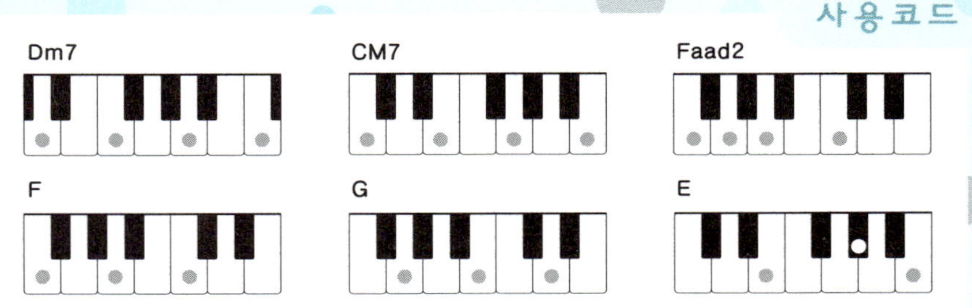

사용코드
Dm7
CM7
Faad2
F
G
E

Dm7
너를 보고싶은날 엔 멋지게 그
CM7
대 를놓－았 죠－
Fadd2
이렇게 아
CM7
무 렇지않 － 게
F   G
수 백번지 － 우고
E   Am
다 짐을해 － 도
Dm
애 써남 는건 아
Esus4 E
쉬 움뿐－ 그렇
Fadd2
게 그대를떠
CM7
나 갔죠－ 정말 난
Fadd2
바보처럼

• 아르페지오 리듬으로도 반주해 보세요.

그대를몰ー라 처음봤 던 그모습처ー럼 가 슴ー이떨 리ー다
가 너를 보고싶은날 엔 눈물나 는날 엔
가 슴뛰 는날 엔 그 리운날 엔 너 의전화번 호
다시또누르게되 면 니가 너 무ー나ー그ー리 워

Kissing you

권윤정, 이재명 사 | 이재명 곡 | 소녀시대 노래

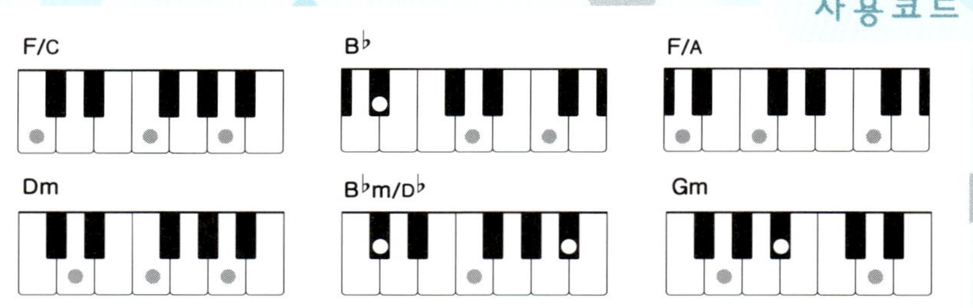

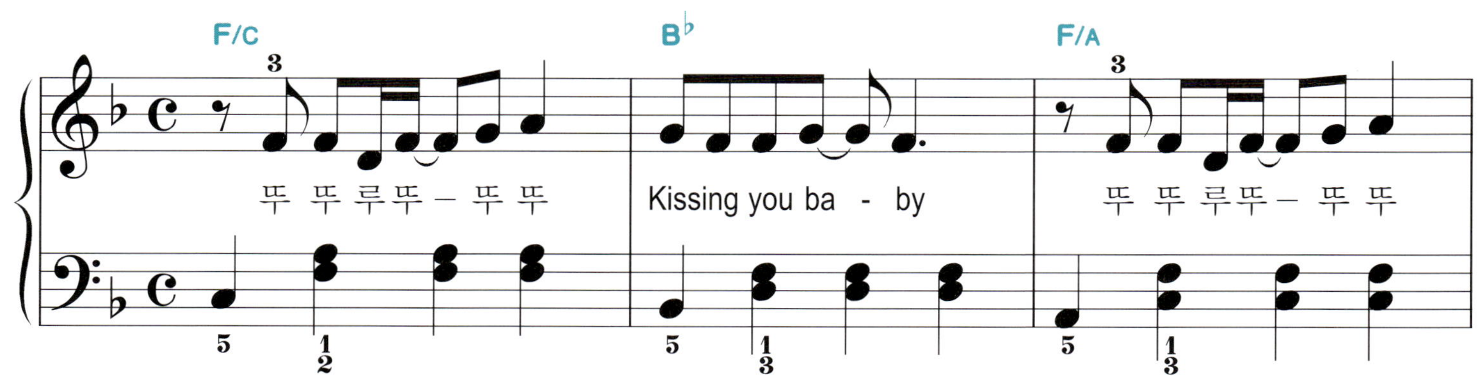

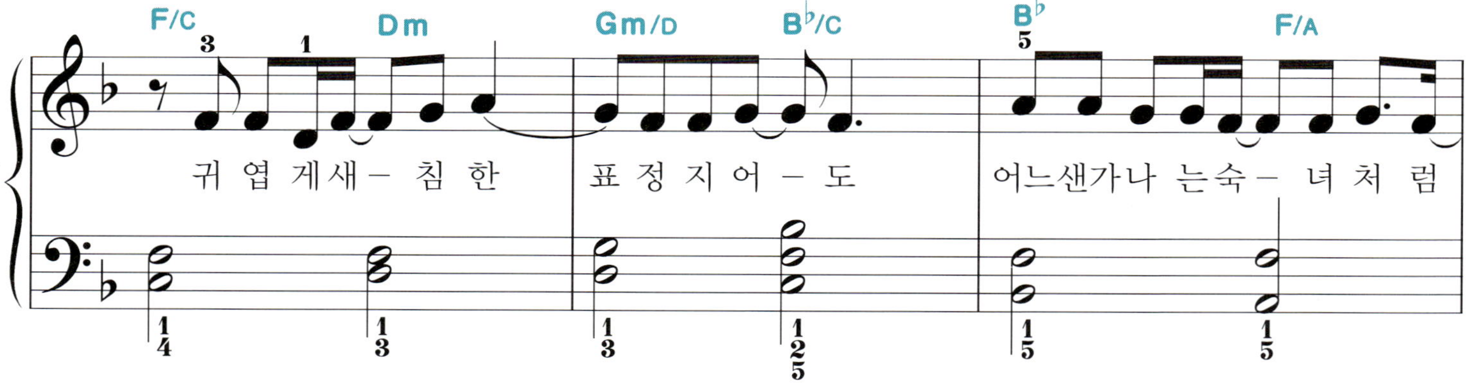

• 폭스 트로트 리듬으로도 반주해 보세요.

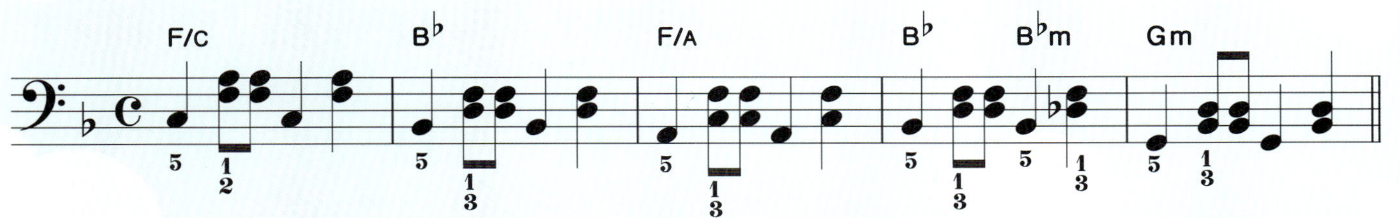
F/C
B♭
F/A
B♭
B♭m
Gm

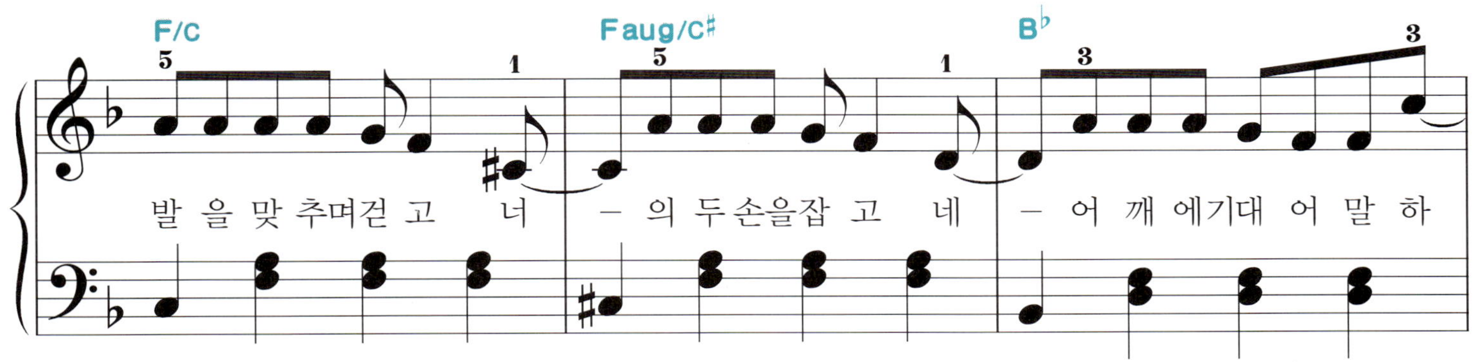
F/C
Faug/C♯
B♭
발을 맞추며걷고 너 — 의 두손을잡고 네 — 어 깨 에기대 어 말하

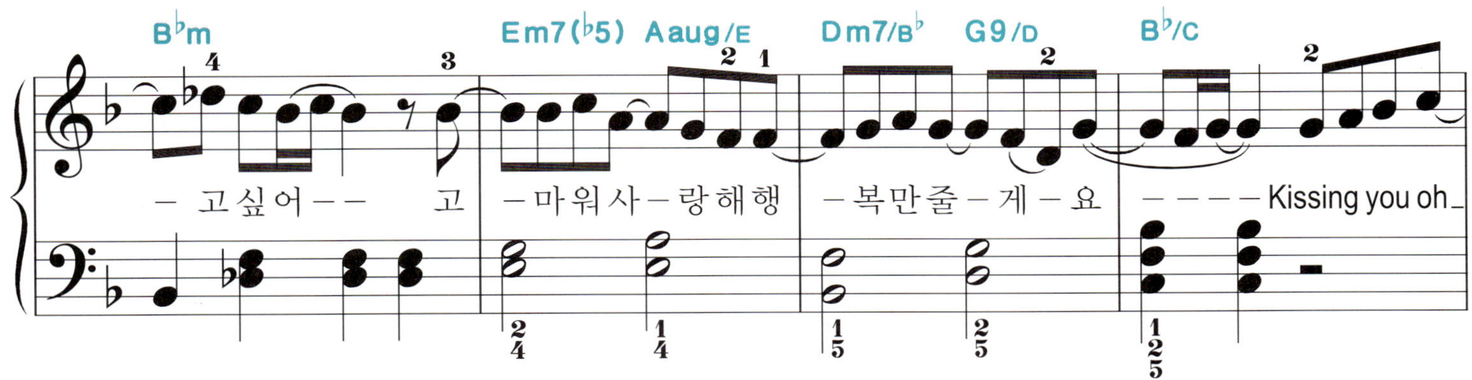
B♭m
Em7(♭5) Aaug/E
Dm7/B♭
G9/D
B♭/C
— 고싶어 — — 고 — 마워사 — 랑해행 — 복만줄 — 게 — 요 — — — — — Kissing you oh

Csus4
F/C
Faug/C♯
B♭
__ my love 내 일 은 따스한햇 살 속에 너 — 는 내옆에누 워 사 — 랑의노랠불러 주며

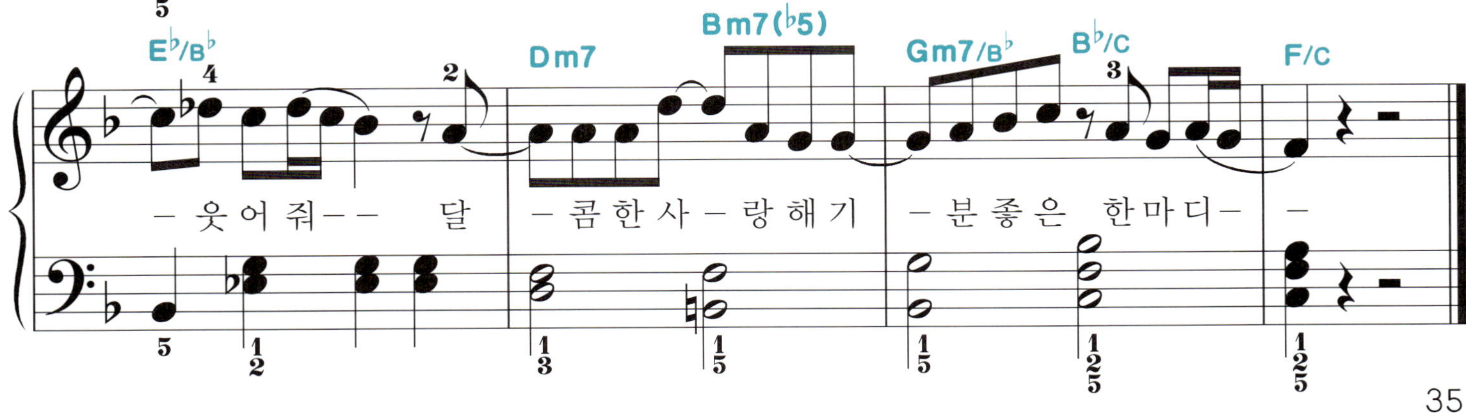
E♭/B♭
Dm7
Bm7(♭5)
Gm7/B♭
B♭/C
F/C
— 웃어 줘 — — 달 — 콤한사 — 랑해기 — 분좋은 한마디 — —

드라마 '쾌도 홍길동' 삽입곡

만약에

송재원, 이창희 사 | 김준범 곡 | 태연(소녀시대) 노래

사용코드

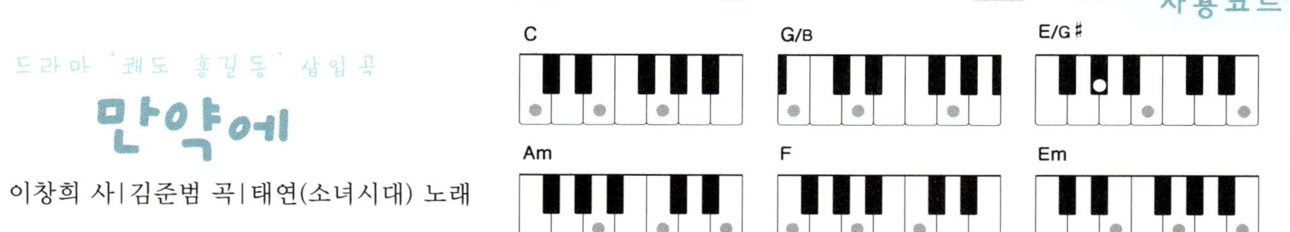

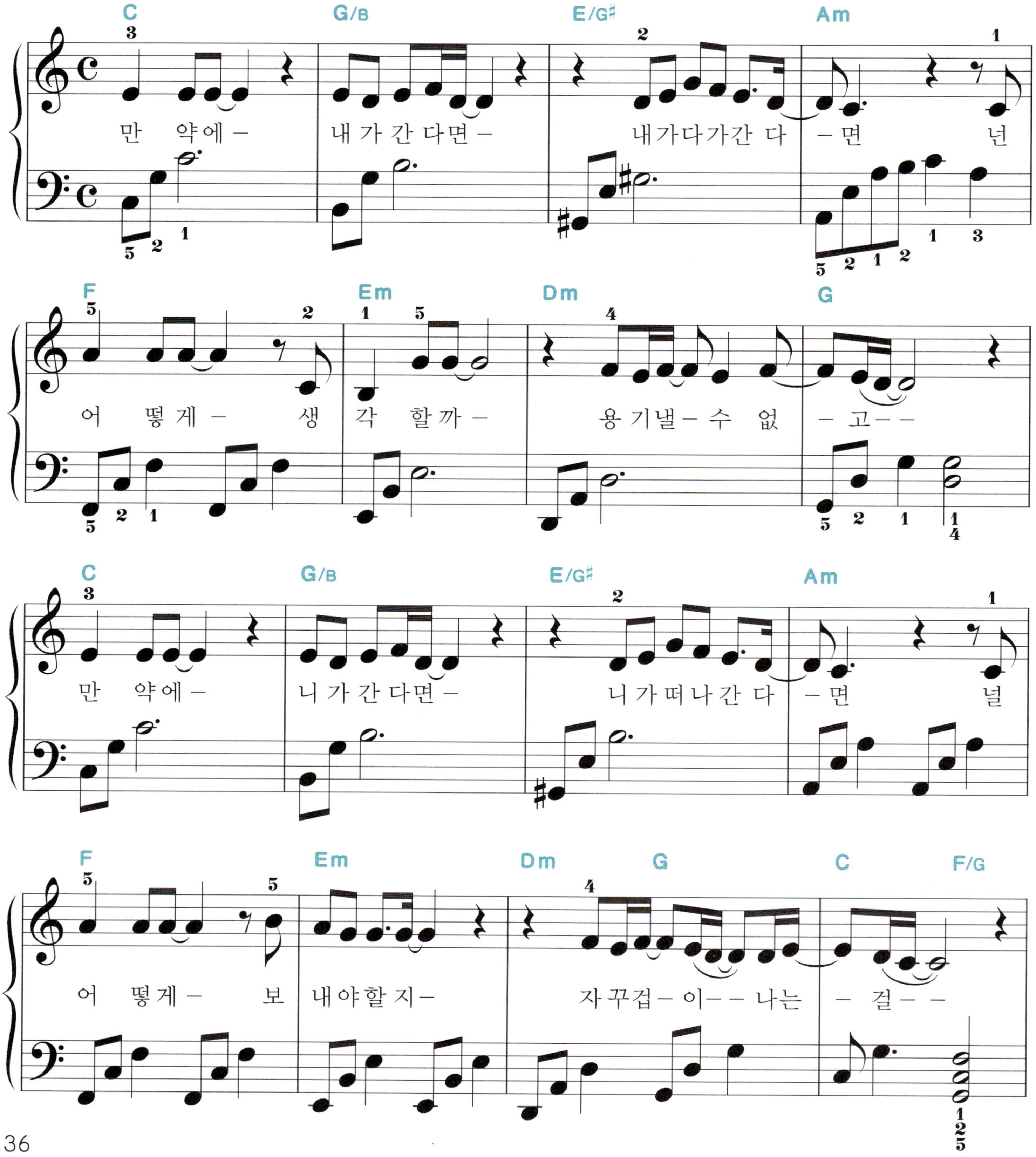

아르페지오 리듬으로도 반주해 보세요.

내가바보 같아서 – 바라 볼수밖에만없는건 아마도 – 외면
할지도모를니마음과 또그래서 더 멀어질사이가될까
봐 정말바보 같아서 – 사랑 한다하지못하는건 아마도 – 만남
뒤에기다리는아픔에 슬픈나 날들이 – 두려워서인 가 – 봐 –

Un Homme et une Femme

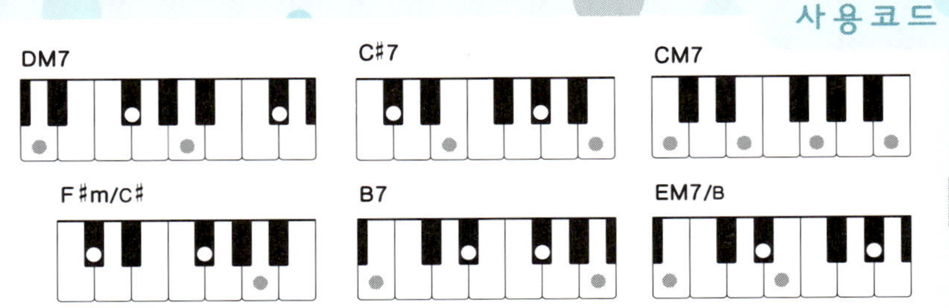

Cf `요플레`

Francis Lai 곡

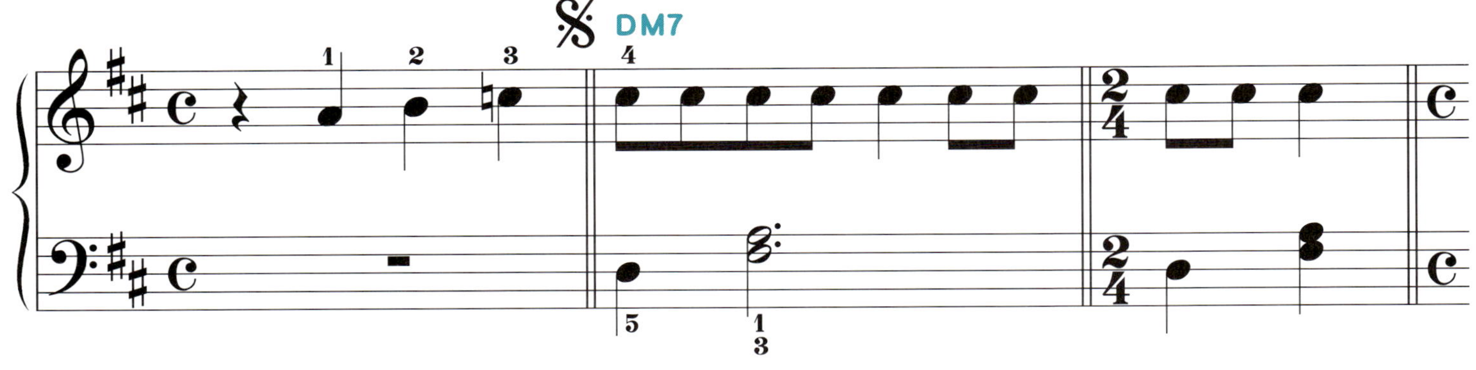

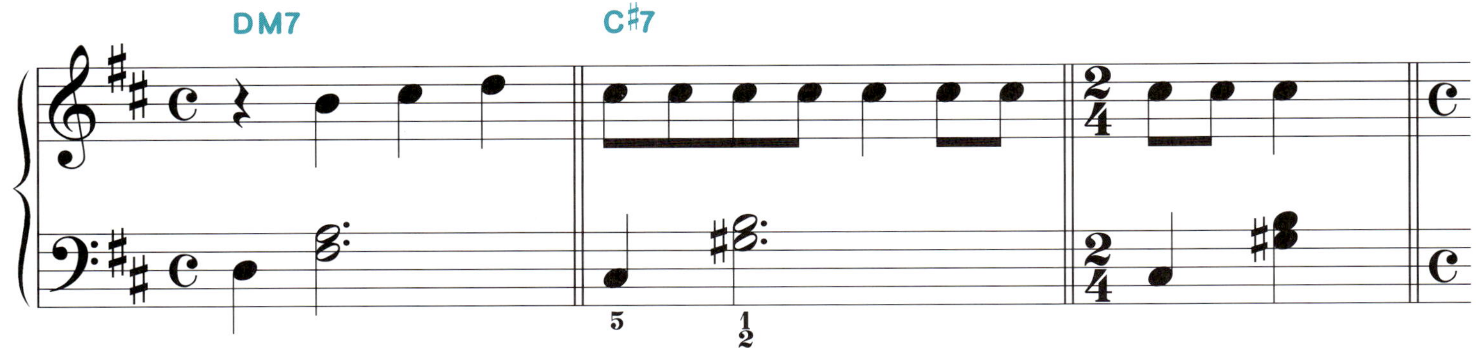

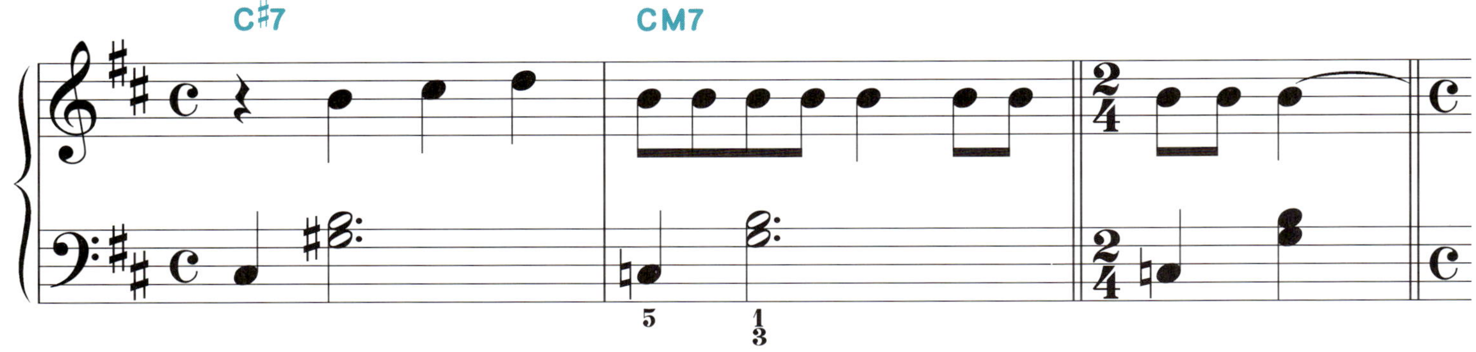

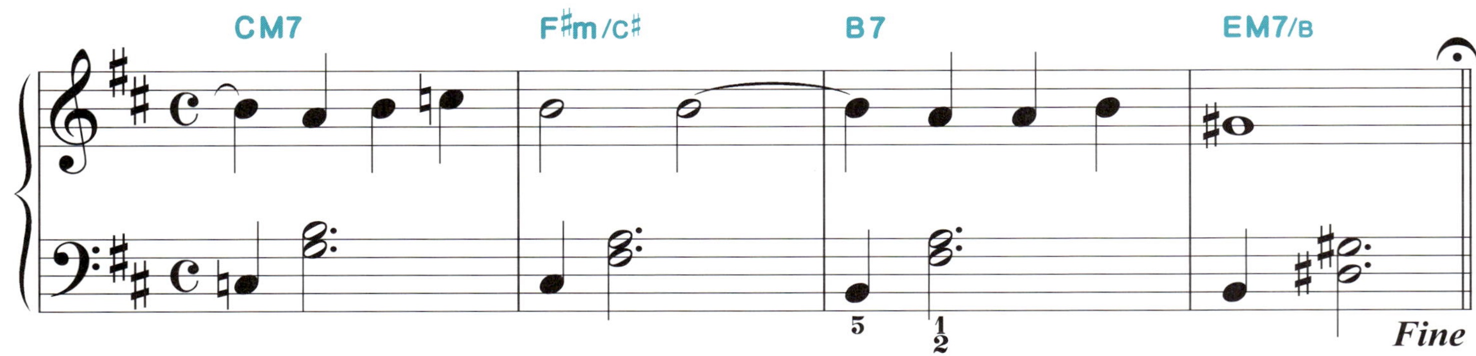

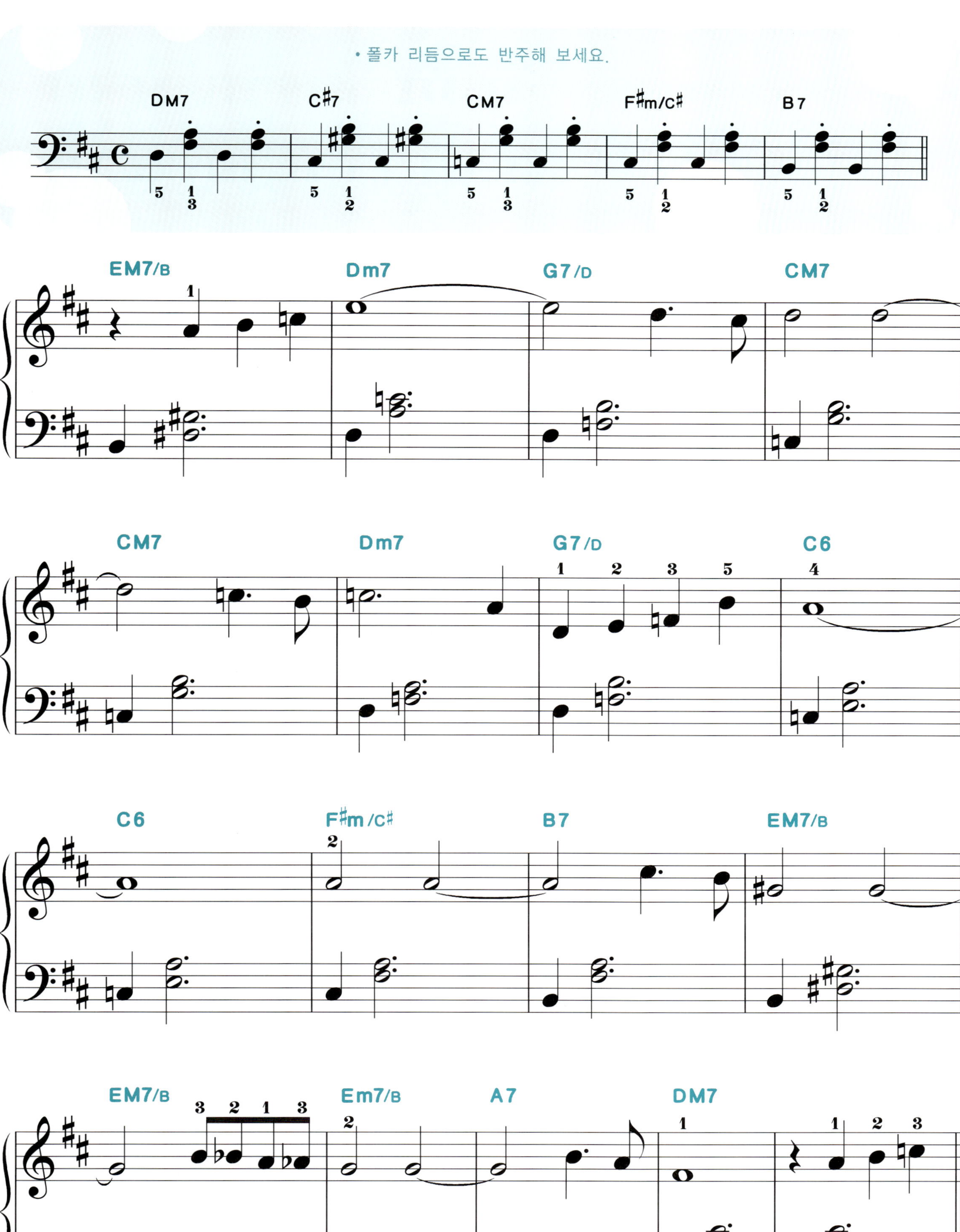
• 폴카 리듬으로도 반주해 보세요.
DM7
C#7
CM7
F#m/C#
B7
EM7/B
Dm7
G7/D
CM7
CM7
Dm7
G7/D
C6
C6
F#m/C#
B7
EM7/B
EM7/B
Em7/B
A7
DM7
D.S.

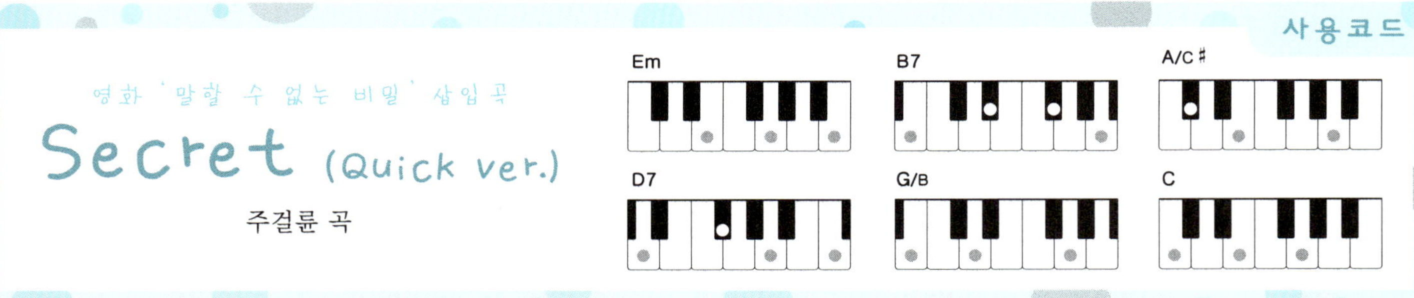
영화 '말할 수 없는 비밀' 삽입곡
Secret (Quick ver.)
주걸륜 곡
사용코드
Em
B7
A/C#
D7
G/B
C

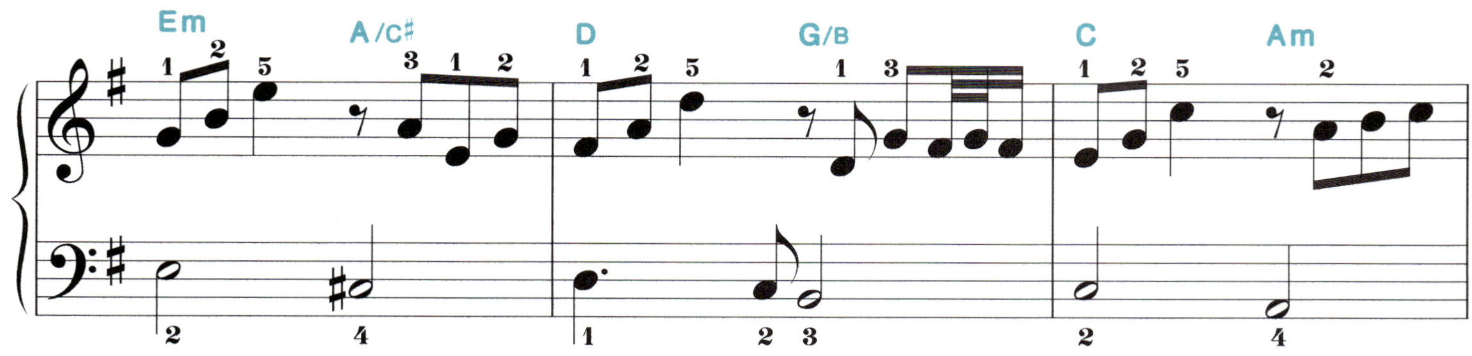

아르페지오 리듬으로도 반주해 보세요.

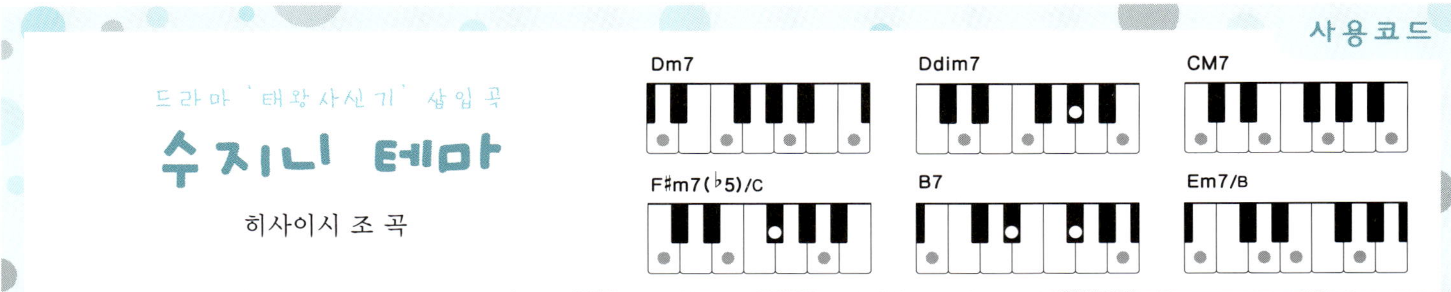
사용코드
드라마 '태왕사신기' 삽입곡
수지니 테마
히사이시 조 곡
Dm7
Ddim7
CM7
F#m7(♭5)/C
B7
Em7/B

Dm7
Ddim7
CM7
F#m7(♭5)/C
B7
Em7/B
Dm7
Ddim7
CM7
F#m7(♭5)/C
B7
Em7
Am7
A7
Dm7
Bm7(♭5)

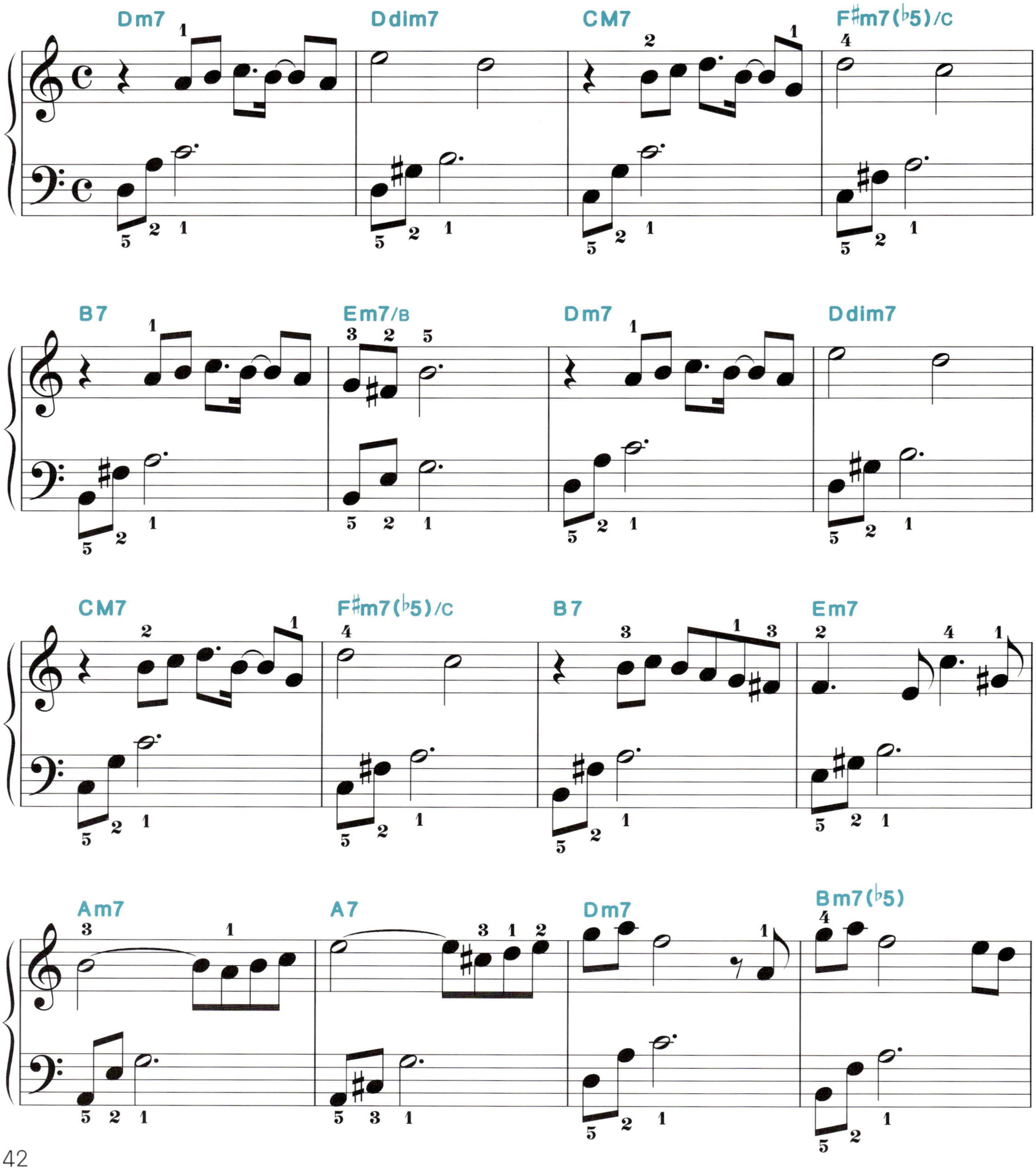

• 4비트 리듬으로도 반주해 보세요.

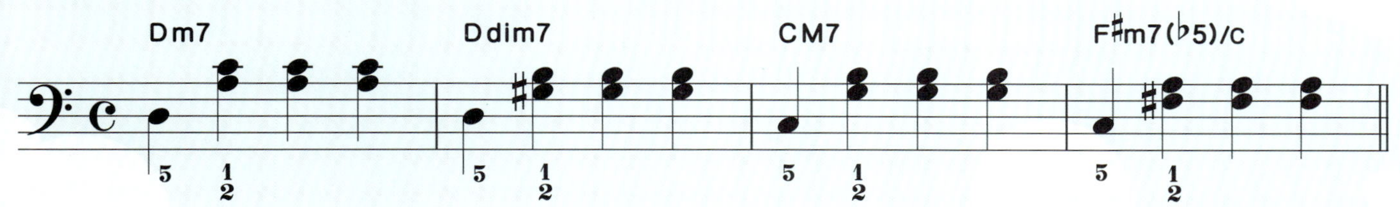
Dm7
Ddim7
CM7
F#m7(♭5)/C

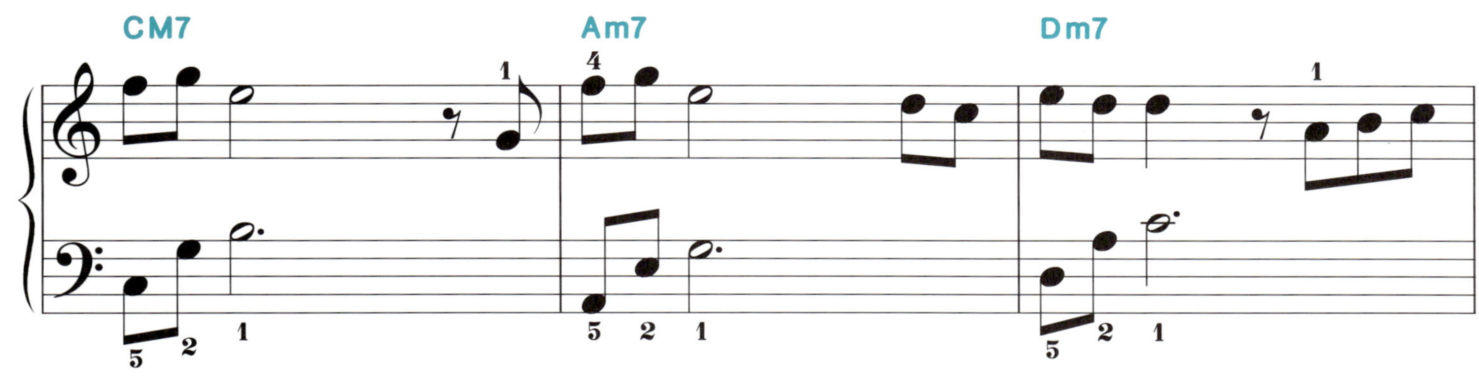
CM7
Am7
Dm7

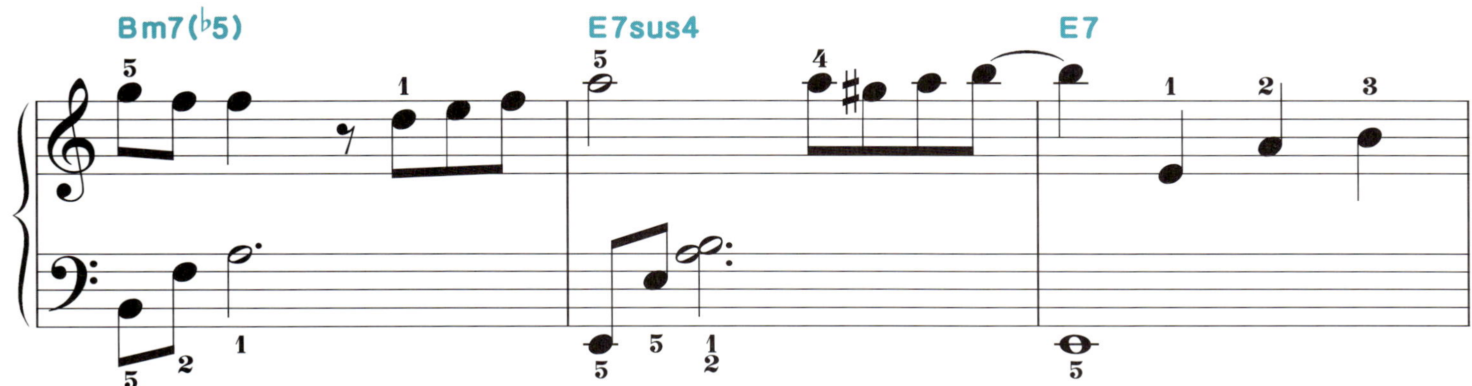
Bm7(♭5)
E7sus4
E7

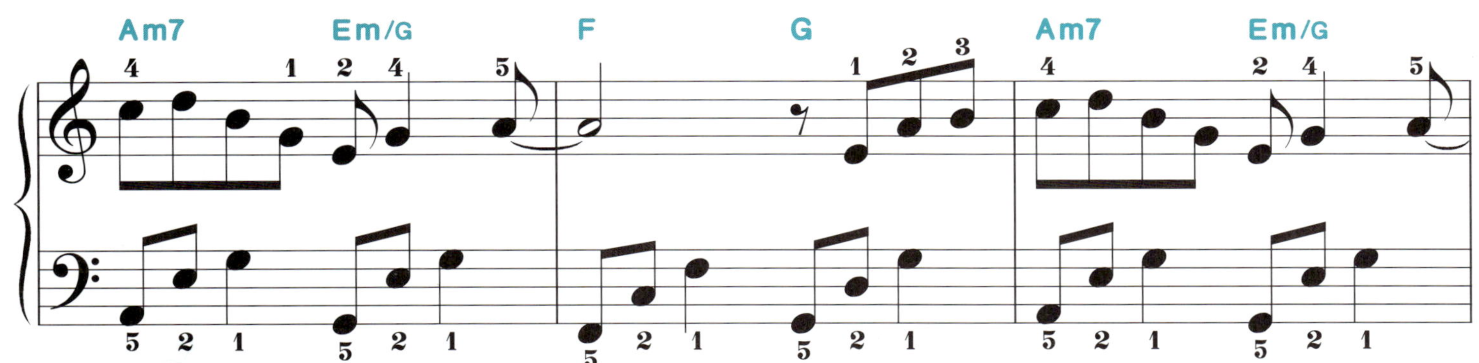
Am7
Em/G
F
G
Am7
Em/G

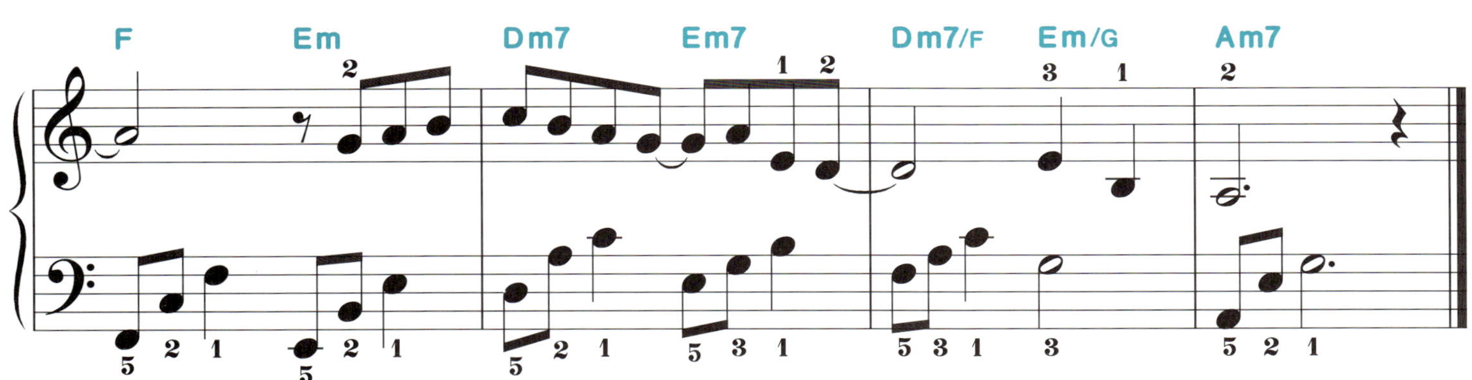
F
Em
Dm7
Em7
Dm7/F
Em/G
Am7

사용코드
'해피투게더 프렌즈' 삽입곡
따뜻한 그
몽라 곡
E♭
G/D
Cm
Fm7
B♭7
E♭sus4

• 왈츠 변형 리듬으로도 반주해 보세요.

Eb
G/D
Cm G/D
Cm/Eb C/E
Fm7
Eb
G/D
Cm G/D
Cm/Eb C/E
Fm7
Fm7/Eb
Bb9
Bb7
Eb
G
Cm G/D
Cm/Eb
Fm
Bb9
Ebsus4
Eb

CF '헬리콥터 프로젝트 윌'
상 륜 소 우 사 수 연 탄
주결륜 곡
Em
Em
B7
B7
Em
Em
Am
Em/B
B7
Em

사용코드
Em
B7
Am
B7/D#
Am/E
Em
B7/D#
B7/D#
Em
Em
Am/E
Em
B7/D#
Em

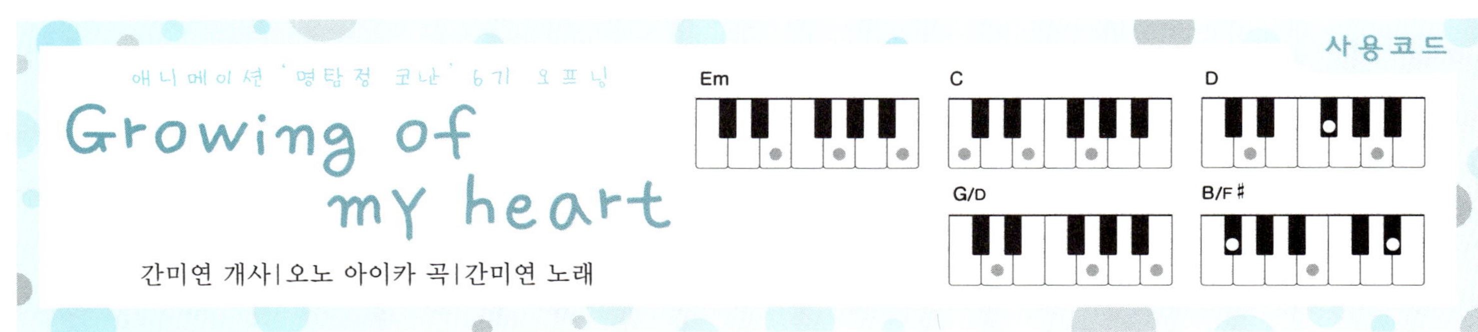

사용코드
애니메이션 '명탐정 코난' 6기 오프닝
Growing of my heart
간미연 개사 | 오노 아이카 곡 | 간미연 노래
Em
C
D
G/D
B/F#

Em
C
미래 의 꿈 들 — 을 찾 아 희 망 의 날
C
D
G/D
갤 달 아 오 늘 의 힘 들 었 던 일 은 잊 어 버 리
B/F#
Em
C
고 저 멀 리 보 이 — 는 나 의 끝 없 는 꿈
C
D
Em
을 향 해 더 힘 껏 날 갤 펼 치 고 날 아 가 는 거

비긴 리듬으로도 반주해 보세요.
Em C D G/D B/F#
Em C
야 구름 을 지 나 — 쳐 하늘 저 끝 까지
C D G/D
오 르면 눈 부 신 태양 에 내 맘은 따 스 해 지
B/F# Em C
고 이제 get up get up get up get up baby 두 려 워 하
C D Em
지 말고 여 기 서 시 작 하 는 거 야 growing of my heart

노바디(Nobody)
박진영 사|이우석, 박진영 곡|원더걸스 노래

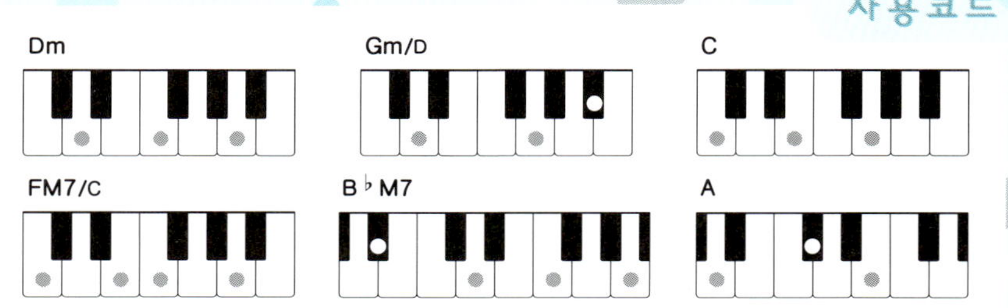

사용코드
Dm
Gm/D
C
FM7/C
B♭M7
A

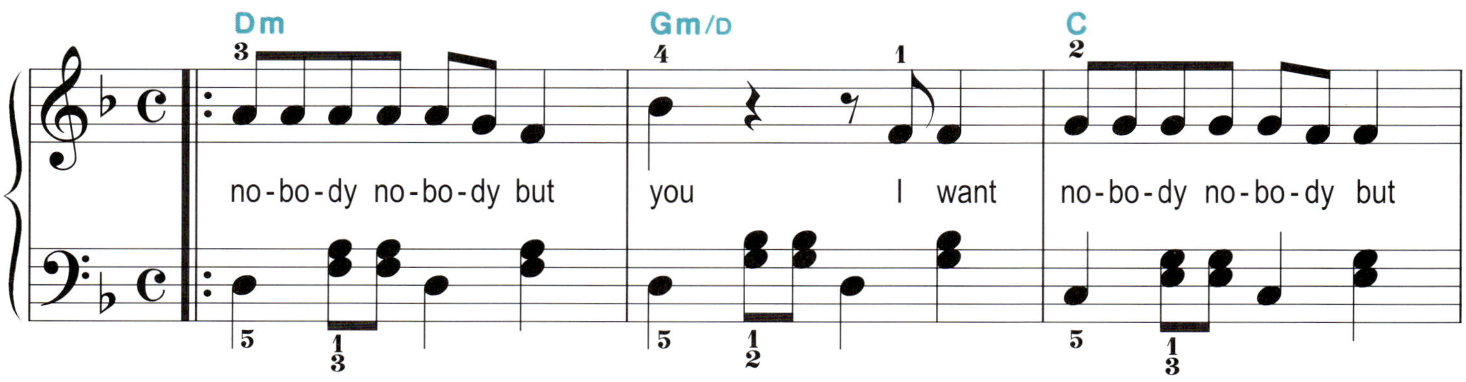

Dm
Gm/D
C
no-bo-dy no-bo-dy but
you   I want
no-bo-dy no-bo-dy but

FM7/C
B♭M7
Edim/B♭
you   난 다른
사람은싫어 네가
아니면싫어   I want

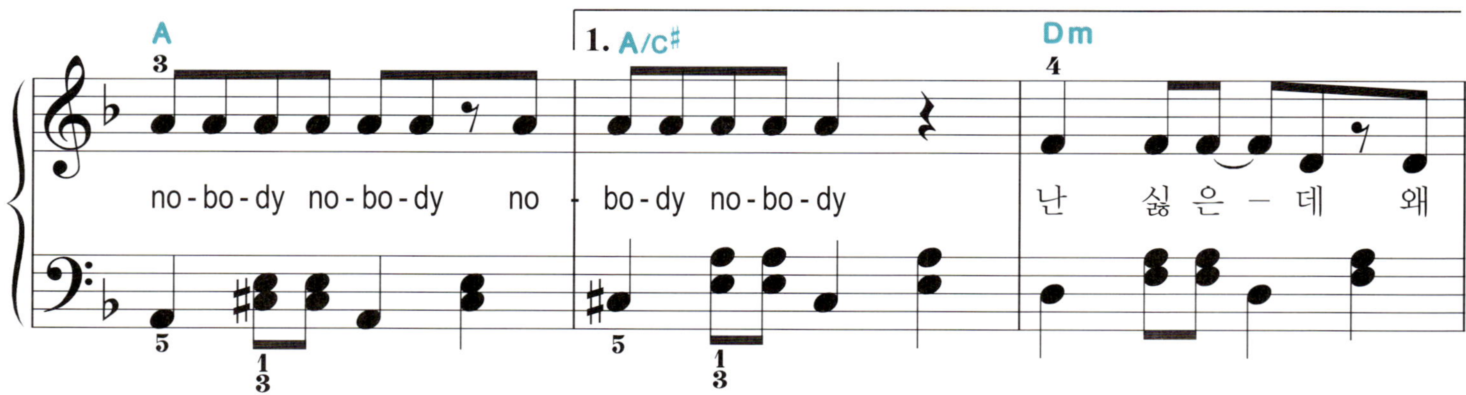

A
1. A/C#
Dm
no-bo-dy no-bo-dy   no - bo-dy no-bo-dy
난 싫은ー데 왜

Gm/D
C
FM7/C
날 밀어ー내 려
고하니자ー꾸 내말
은 듣지않ー고

• 폴카 리듬으로도 반주해 보세요.

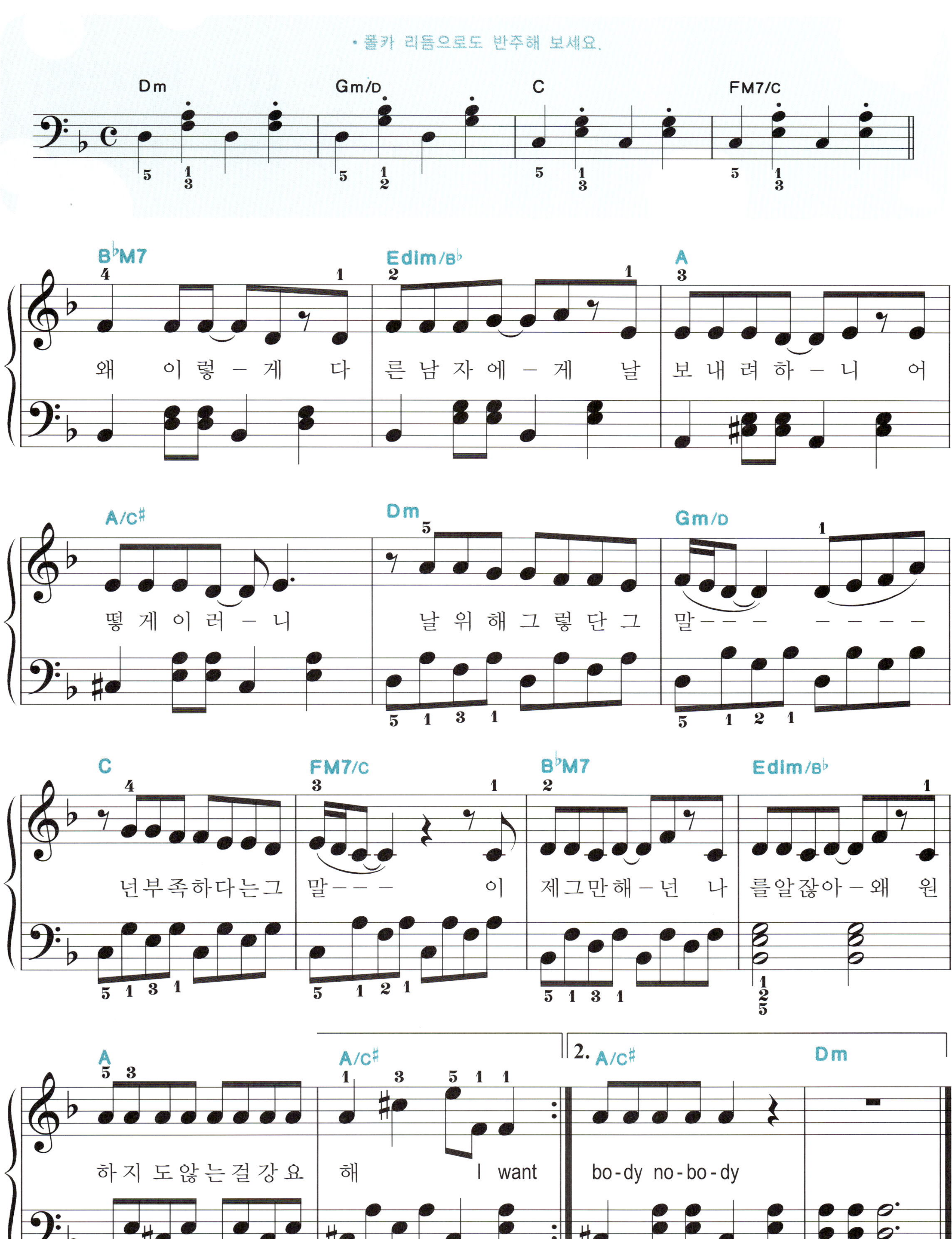
Dm
Gm/D
C
FM7/C
B♭M7
Edim/B♭
A
왜 이렇－게 다
른남자에－게 날
보내려하－니 어
A/C#
Dm
Gm/D
떻게이러－니
날위해그렇단그
말－－－ －－－
C
FM7/C
B♭M7
Edim/B♭
넌부족하다는그
말－－－ 이
제그만해－넌 나
를알잖아－왜 원
A
A/C#
2. A/C#
Dm
하지 도않는걸강요
해 I want
bo-dy no-bo-dy

주문

유영진 사 | Mikkel Remee, Thomas Troelsen 곡 |
동방신기 노래

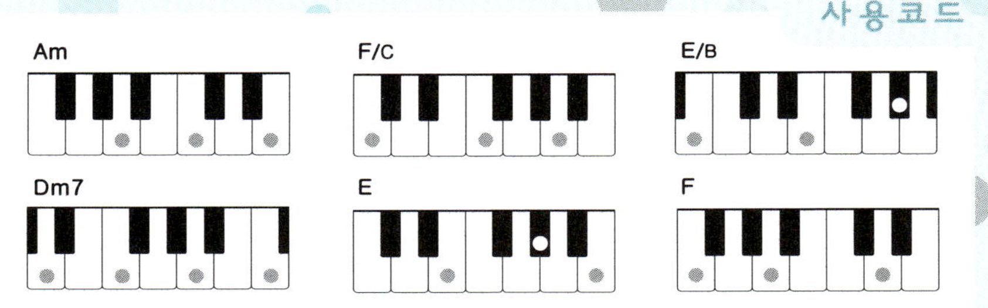

4비트 리듬으로도 반주해 보세요.

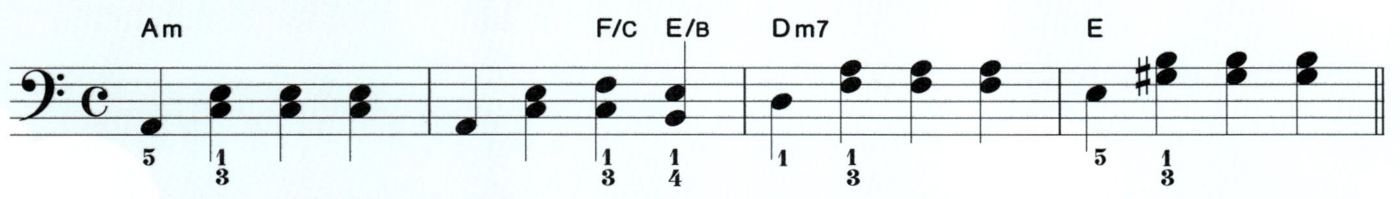

Am
F/C E/B Dm7
E

Am
넌 나를 원해
넌 내게 빠져
넌 내게 미쳐

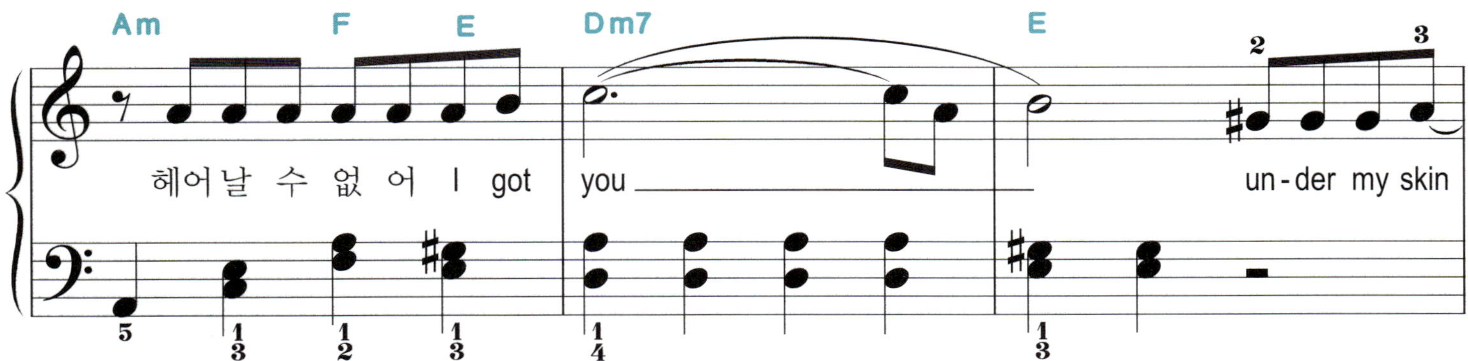

Am   F   E   Dm7   E
헤어날 수 없어 I got you
un-der my skin

Am
넌 나를 원해
넌 내게 빠져
넌 내게 미쳐

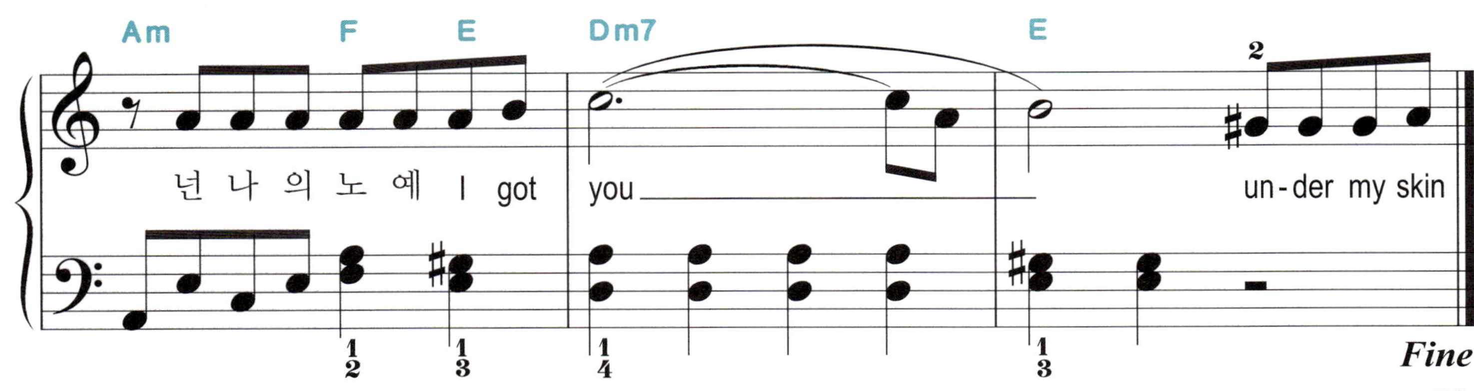

Am   F   E   Dm7   E
넌 나의 노예 I got you
un-der my skin

Fine

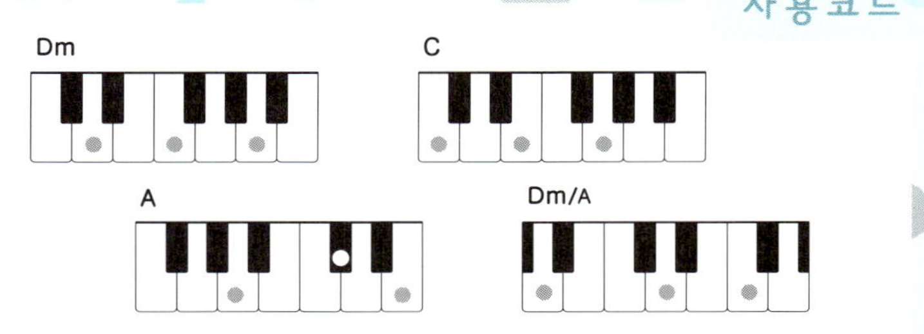

G-Dragon 사 | S-Kush, G-Dragon 곡 | 대성 노래

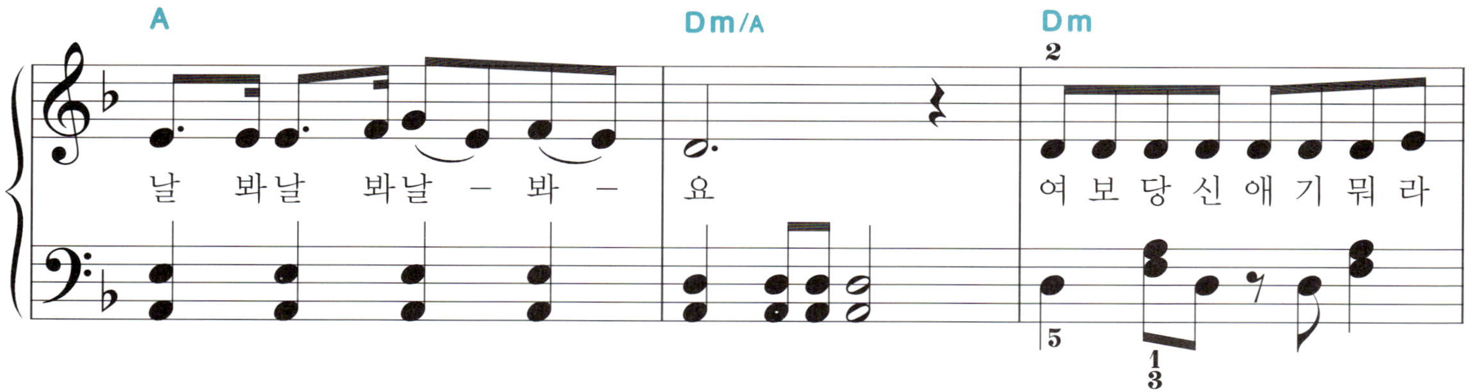

• 4비트 리듬으로도 반주해 보세요.

밥 은 먹 을 까
잠 은 잘 잘 까
하 루 왠 종 일 우 리

공 주 님 생 각 뿐
가 슴 이 콩 닥 콩 닥
콩 닥 −

사 랑 을 속 닥 속 닥
속 닥 −
자 기 야 날 봐

어 딜 봐 날 봐
내 정 열 을 그 대 에
게 다 바 치 리

해뜰날

송대관, 김태희 사 | 신대성, 김제형, 김진훈 곡 |
신지(feat.마이티마우스) 노래

사용코드

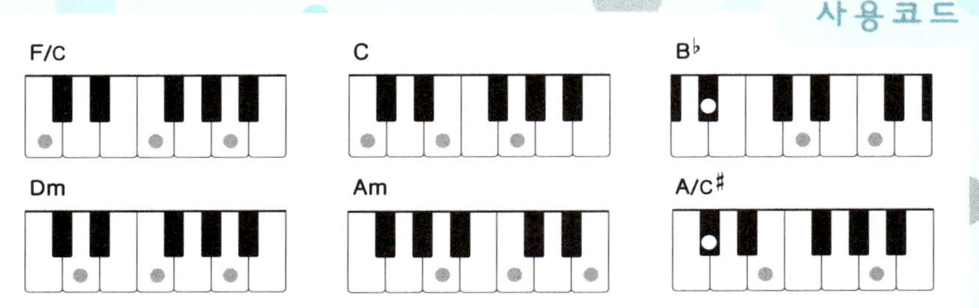

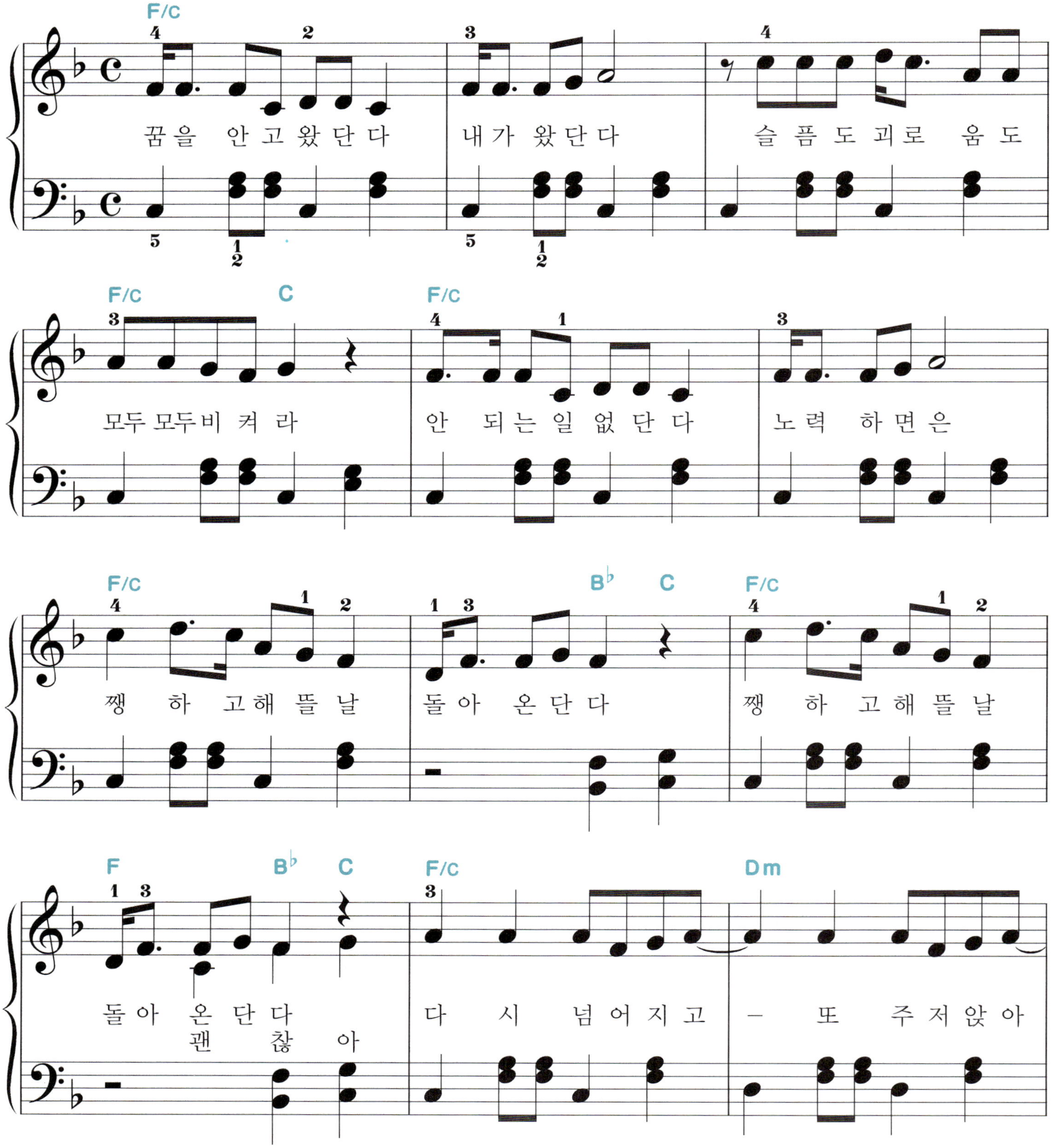

• 폴카 리듬으로도 반주해 보세요.

- 울 지몰라도 - 고개들 어 너 의 주위를봐 - 널 걱정하는

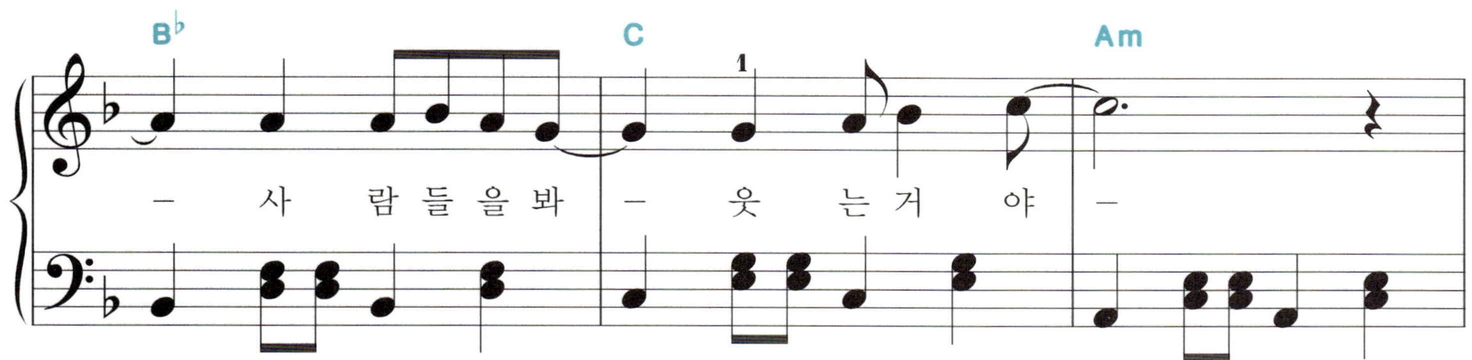
- 사 람들을봐 - 웃 는거 야 -

슬 픔은- 다 잊 어버-리 고 - 내일

을 향해- 달려 - 가는- 거야 -

텔레파시

김이진, NaNa 사 | 황찬희 곡 | 윤하 노래

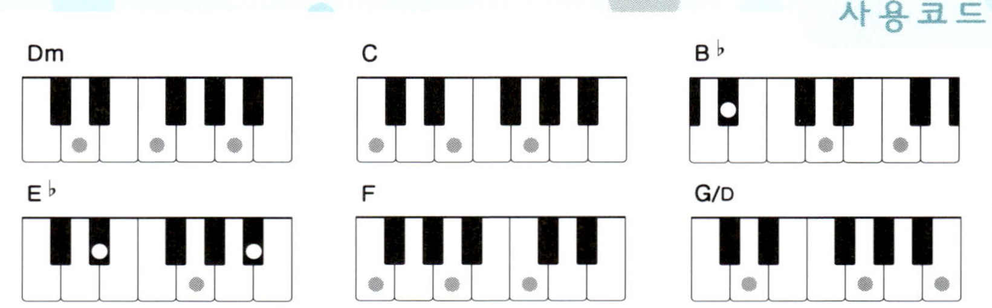

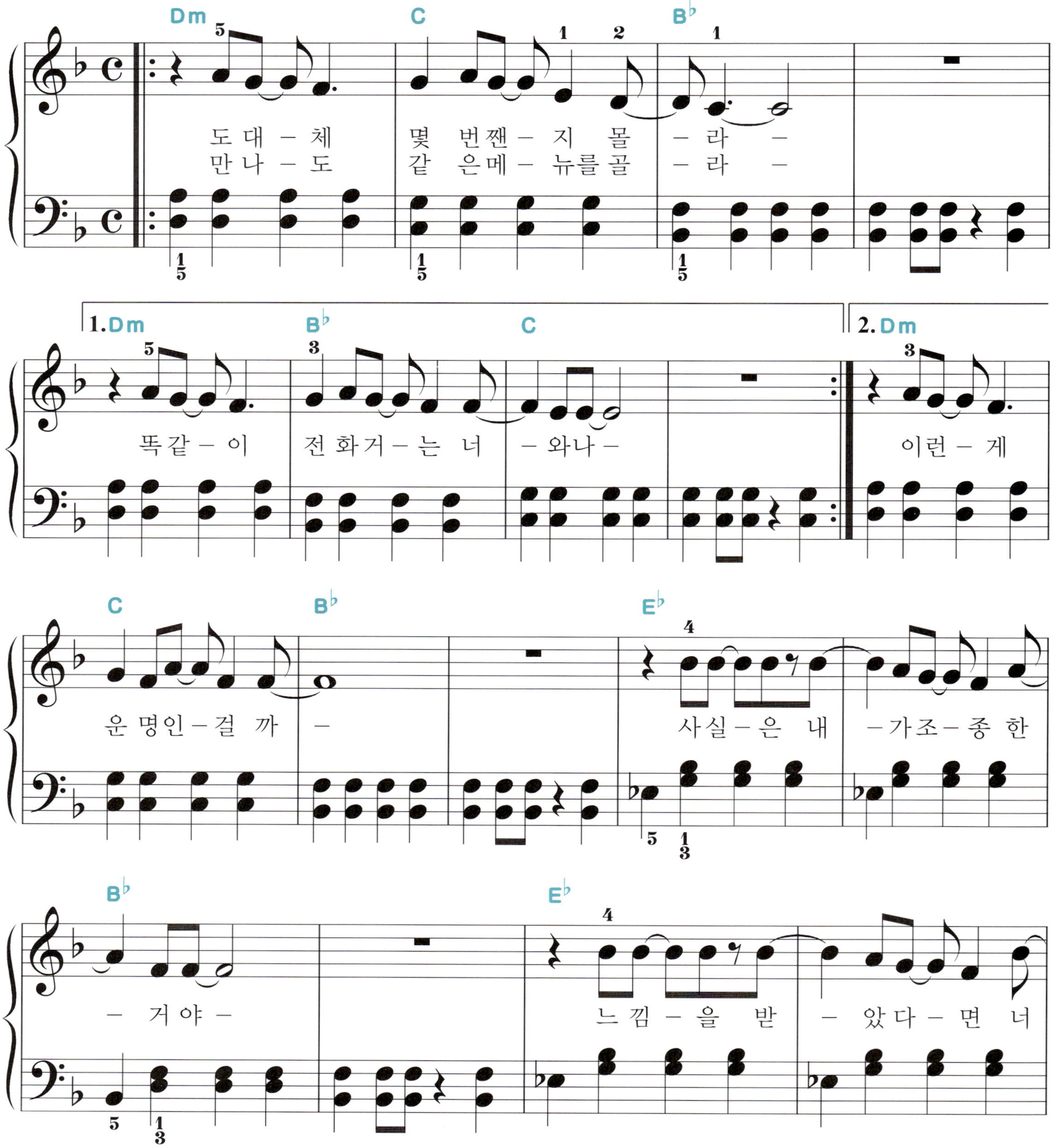

폭스 트로트 리듬으로도 반주해 보세요.

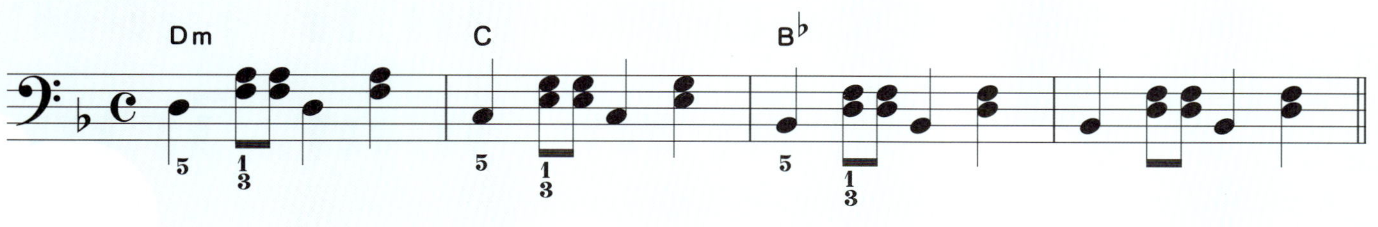
Dm
C
B♭

F
G/D
D
－도알－거 야 － 넌이제 자 다 가 도 내 －가 보 일 거 야

C
Em
D
꿈 에 서 도 만 －나 게 될 거 야 이렇 게 우 － 리 통 하 는 느 － 낌

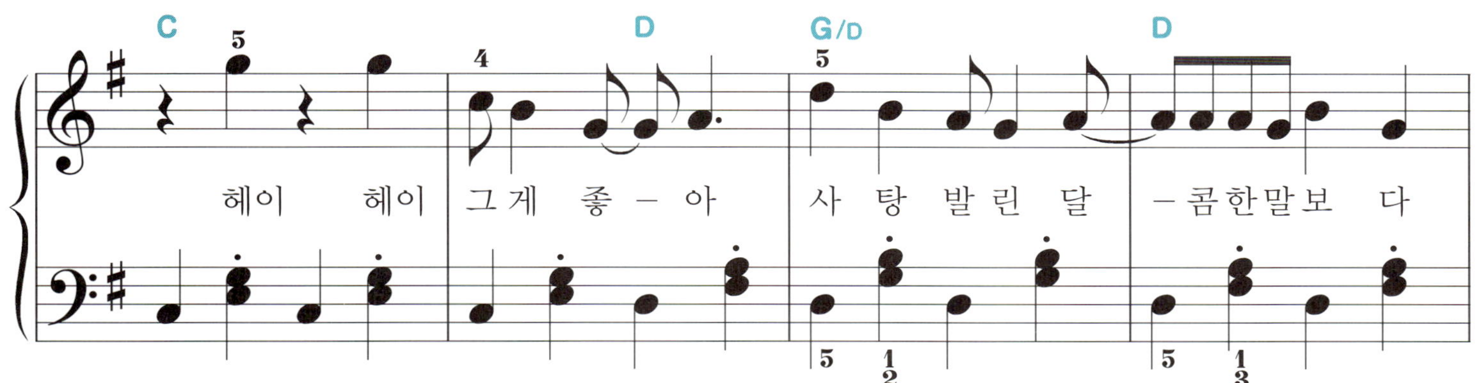
C
D
G/D
D
헤 이 헤 이 그 게 좋 － 아 사 탕 발 린 달 －콤 한 말 보 다

B
C
Am
Cm
G/D
짜 릿 하 게 느 － 껴 지 － 는 텔 레 파 시 같 －은 네 가 좋 아

장윤정 트위스트

이양숙, 김학진 사 | 송결 곡 | 장윤정 노래

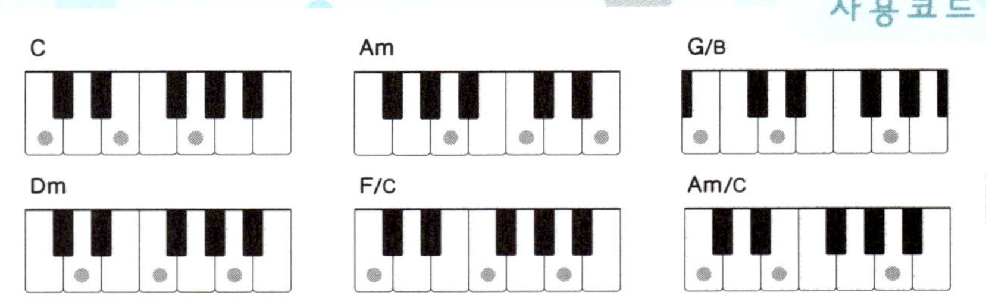

비긴 리듬으로도 반주해 보세요.

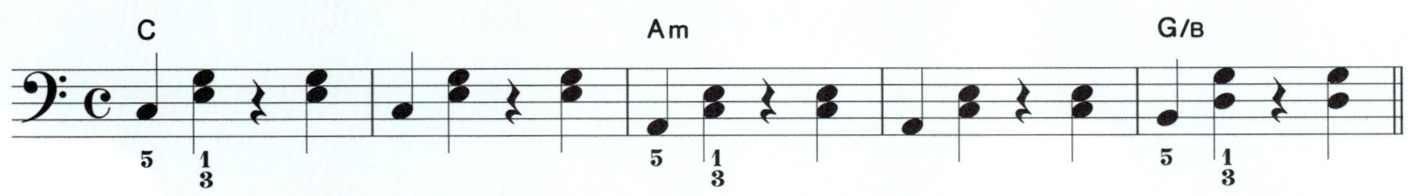
C   Am   G/B

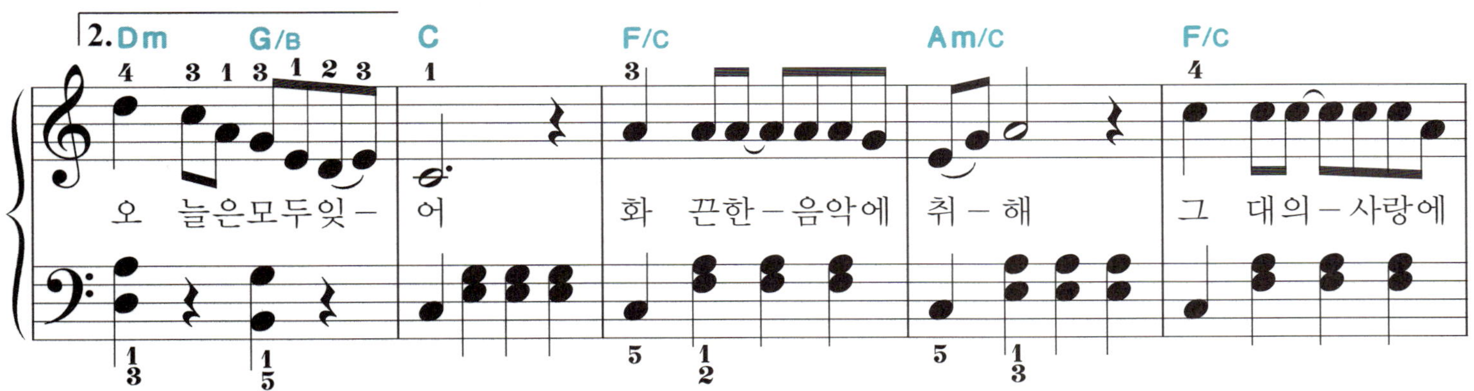
2.Dm   G/B   C   F/C   Am/C   F/C
오 늘은모두잇 — 어   화 끈한 — 음악에   취 — 해   그 대의 — 사랑에

C   Dm   G/B
취 — 해   트위스트 —   트위스트 —   트위스트춤을춰요 —

C   Am   Dm   G/B
여 기봐 — 이렇게   이 렇게 —   사 랑의 — 춤 을 춰 봐요 —

G/B   C   Am   Dm   C
—   트위스트 —   트위스트 —   트위스트춤을춥시   다

어쩌다

김이나 사 | 용감한 형제 곡 | 브라운 아이드 걸스 노래

사용코드

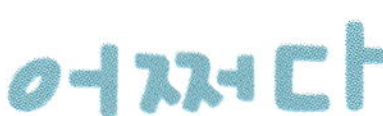

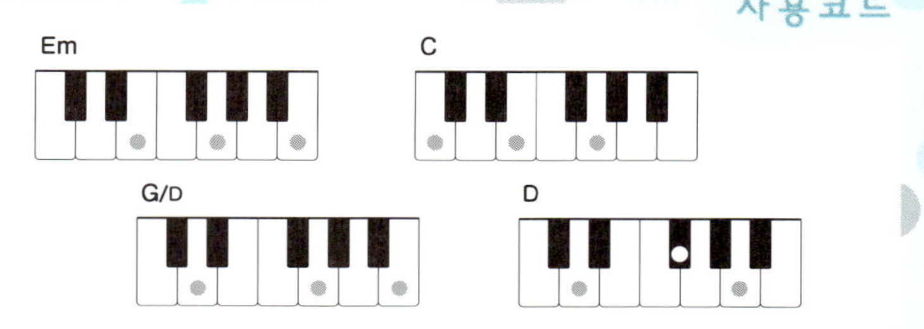

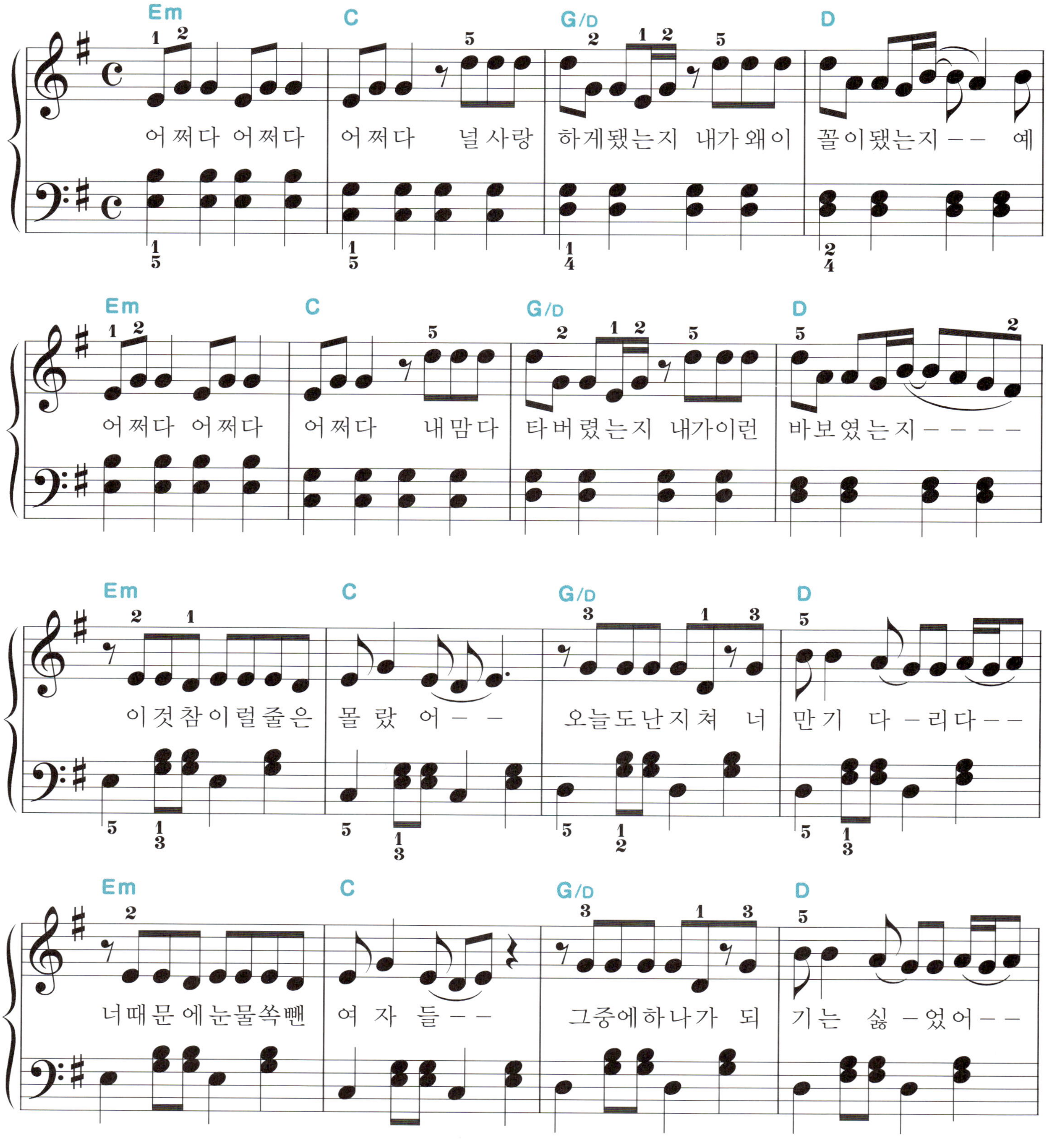

• 4비트 리듬으로도 반주해 보세요.

너를바라보다아차 싶 었 어 — — 다잡았던내맘 놓 치고 말 – 았어 — —

그런나를부르면 oh __ my ho - ney 일분일초만에 네 앞 에 있 – 는나 —

너 무멋진멋진 그대 널 바라보 면 어 – 질어질 해 — — 우 — — —

너 무나쁜나쁜 그대 다모르는 척 웃 – 고만있 네 — — ba - by __ 어쩌다

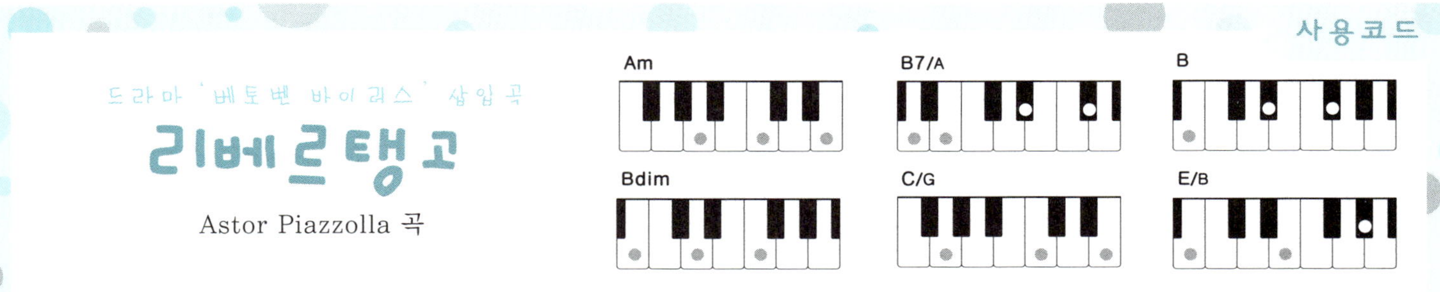

사용코드
Am
B7/A
B
Bdim
C/G
E/B
드라마 '베토벤 바이러스' 삽입곡
리베르탱고
Astor Piazzolla 곡
Am
B7/A
Bdim
Am
C/G
B
Bdim
E/B

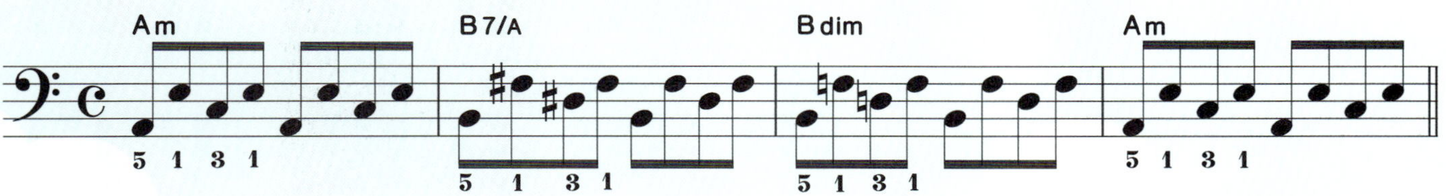

• 알베르티 베이스 리듬으로도 반주해 보세요.

어깨쫙

터틀맨 사｜터틀맨 곡｜거북이 노래

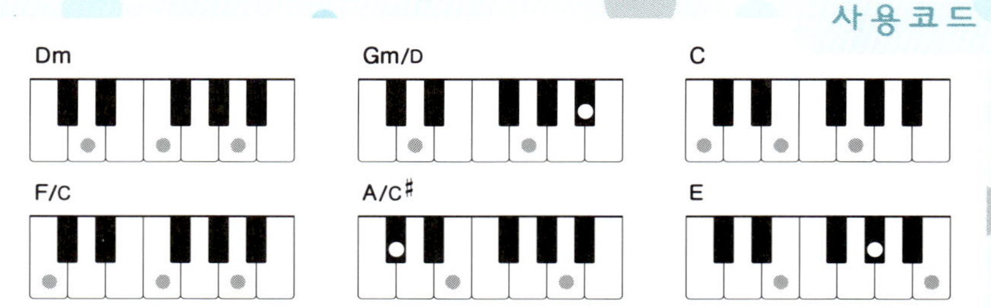

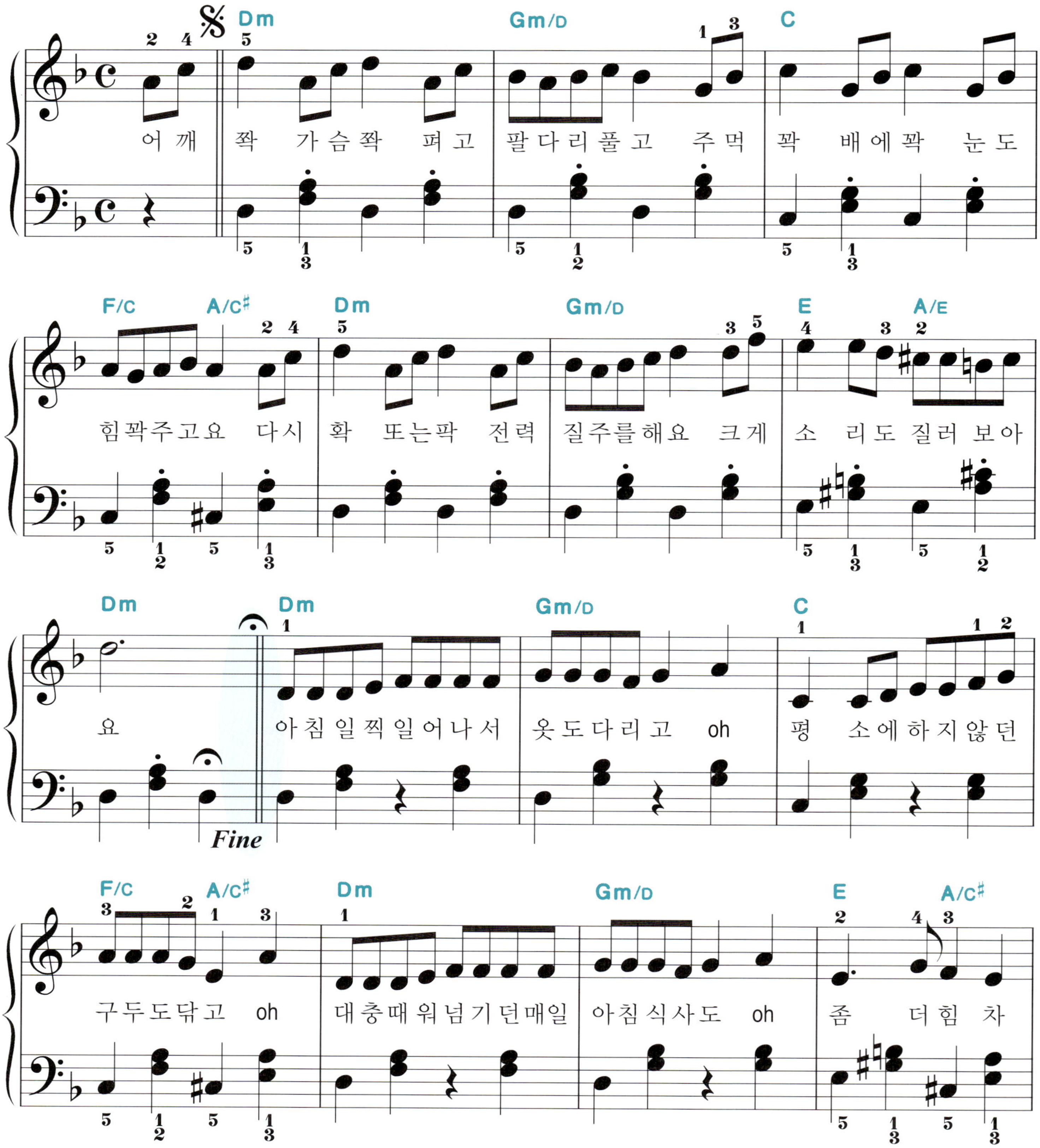

4비트 리듬으로도 반주해 보세요.
Dm Gm/D C F/C A/C♯

Dm Gm/D C
F/C A/C♯ Dm Gm/D E A/C♯
게 하자하자 점 심 엔 가 볍 게 운 동 도 해 보 고 oh 커 피 대 신 취 향 따 라
차 를 마 시 고 oh 눈 치 보 며 얼 렁 뚱 땅 하 던 일 들 도 oh 좀 더 신 나

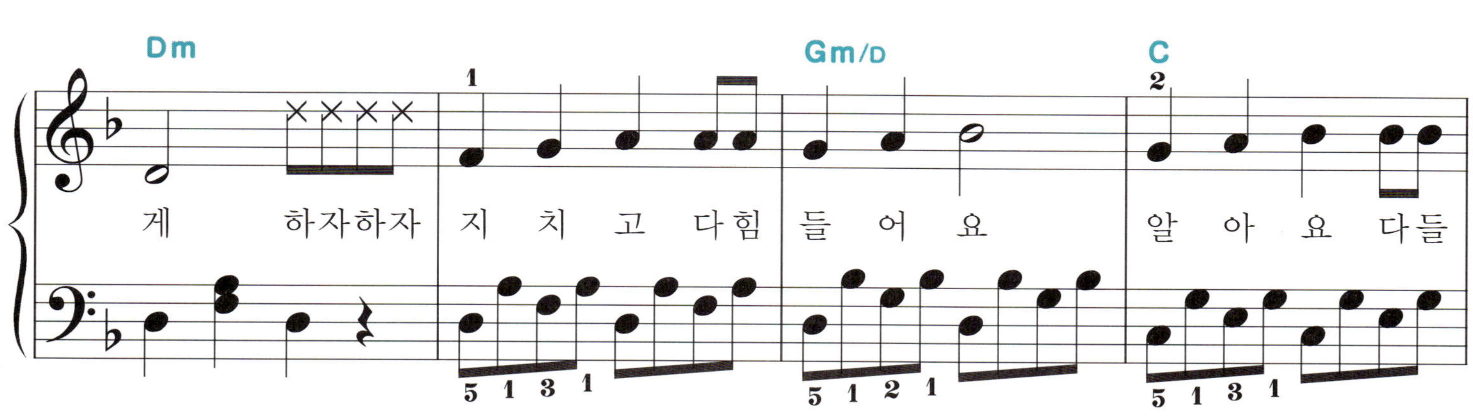
Dm Gm/D C
게 하자하자 지 치 고 다 힘 들 어 요 알 아 요 다 들

F/C A/C♯ Dm Gm/D Edim A/C♯ Dm
강 한 척 해 도 그 래 도 다 들 힘 내 요 어 차 피 잘 될 거 예 요 어 깨
D.S.

하루하루

G-Dragon 사 | 다이시댄스, G-Dragon 곡 | 빅뱅 노래

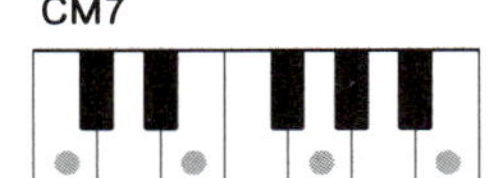

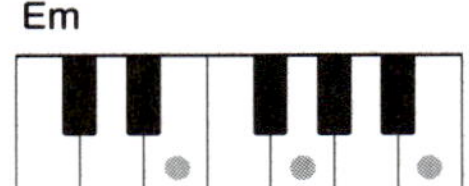

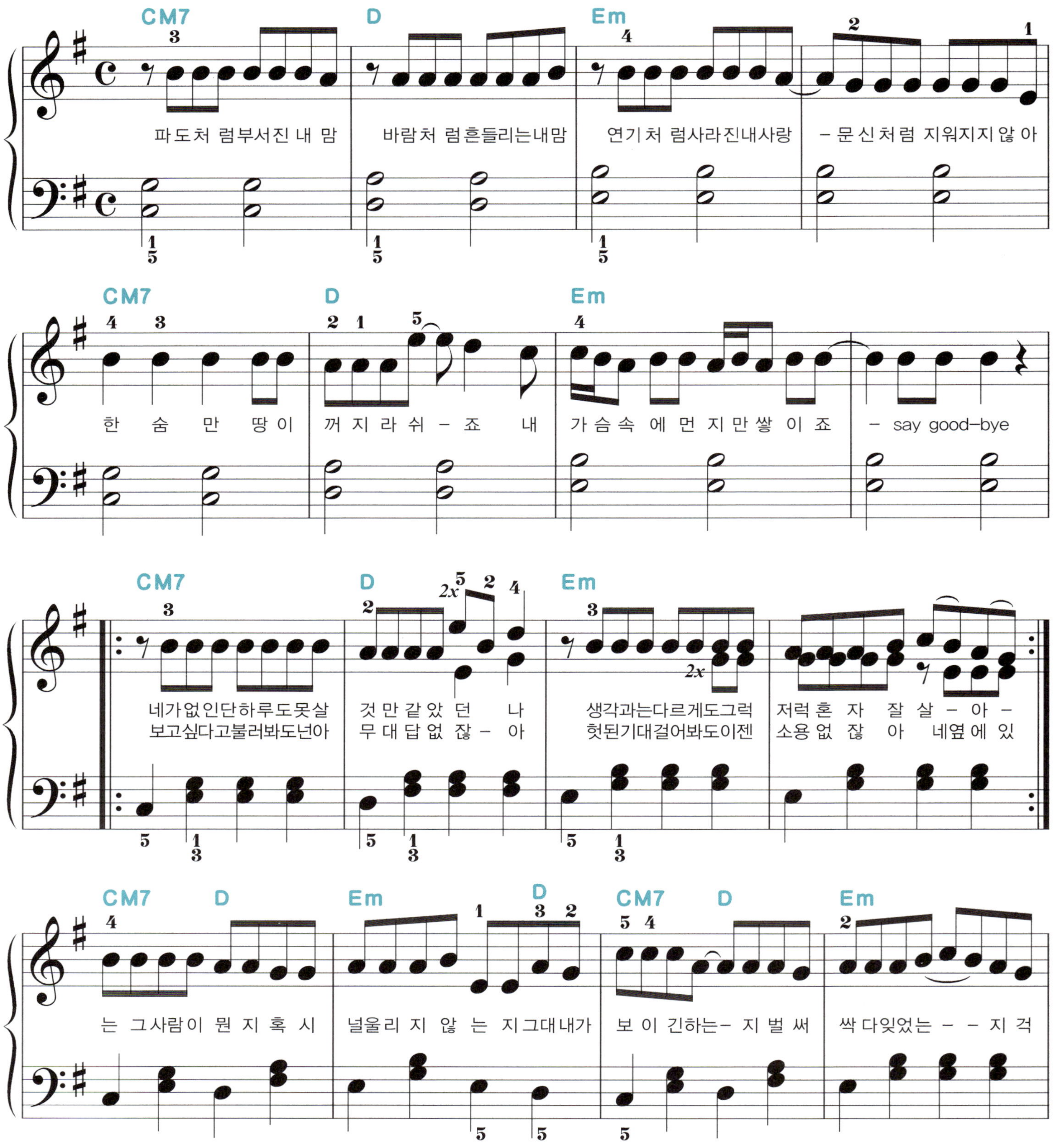

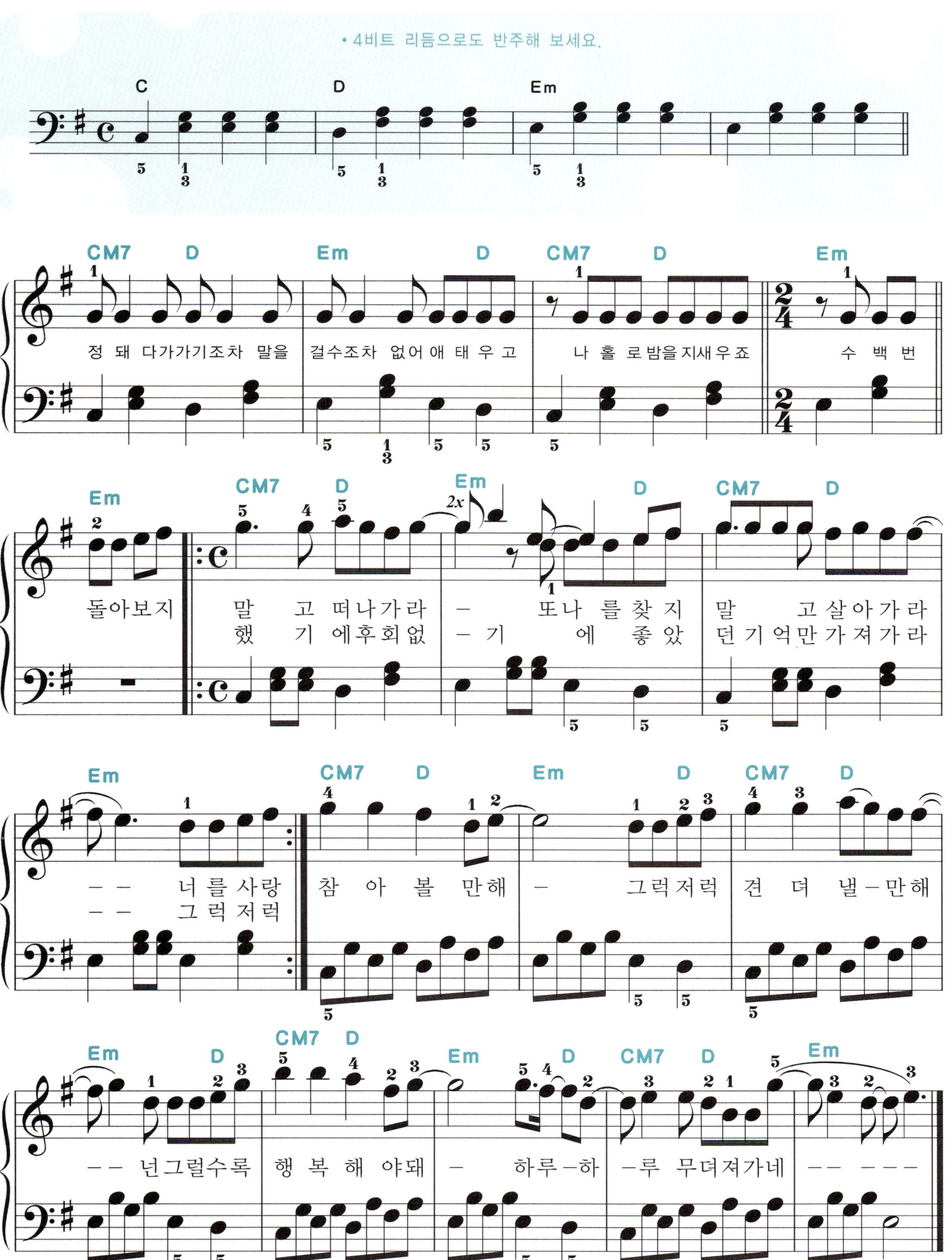
•4비트 리듬으로도 반주해 보세요.

C D Em

CM7 D Em D CM7 D Em
정 돼 다가가기조차 말을 걸수조차 없어애 태 우 고 나 홀 로밤을 지새우죠 수 백 번

Em CM7 D Em D CM7 D
돌아보지 말 고 떠나가라 — 또나 를찾 지 말 고 살아가라
했 기 에후회없 — 기 에 좋 았 던 기 억만 가 져 가 라

Em CM7 D Em D CM7 D
— — 너를 사랑 참 아 볼 만해 — 그럭저럭 견 뎌 낼—만해
— — 그럭 저럭

Em D CM7 D Em D CM7 D Em
— — 넌그럴수록 행 복 해 야돼 — 하루—하 —루 무뎌져가네 — — — —

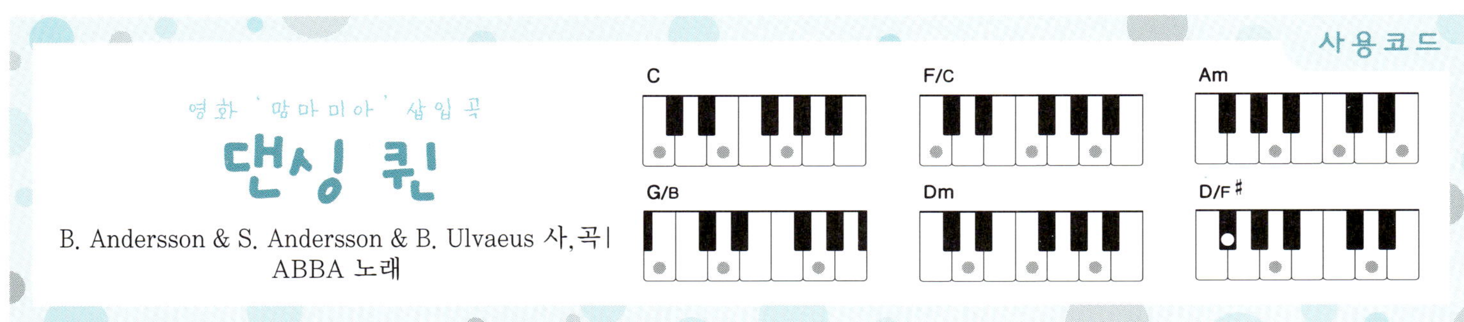

사용코드
영화 '맘마미아' 삽입곡
댄싱 퀸
B. Andersson & S. Andersson & B. Ulvaeus 사,곡
ABBA 노래
C
F/C
Am
G/B
Dm
D/F#

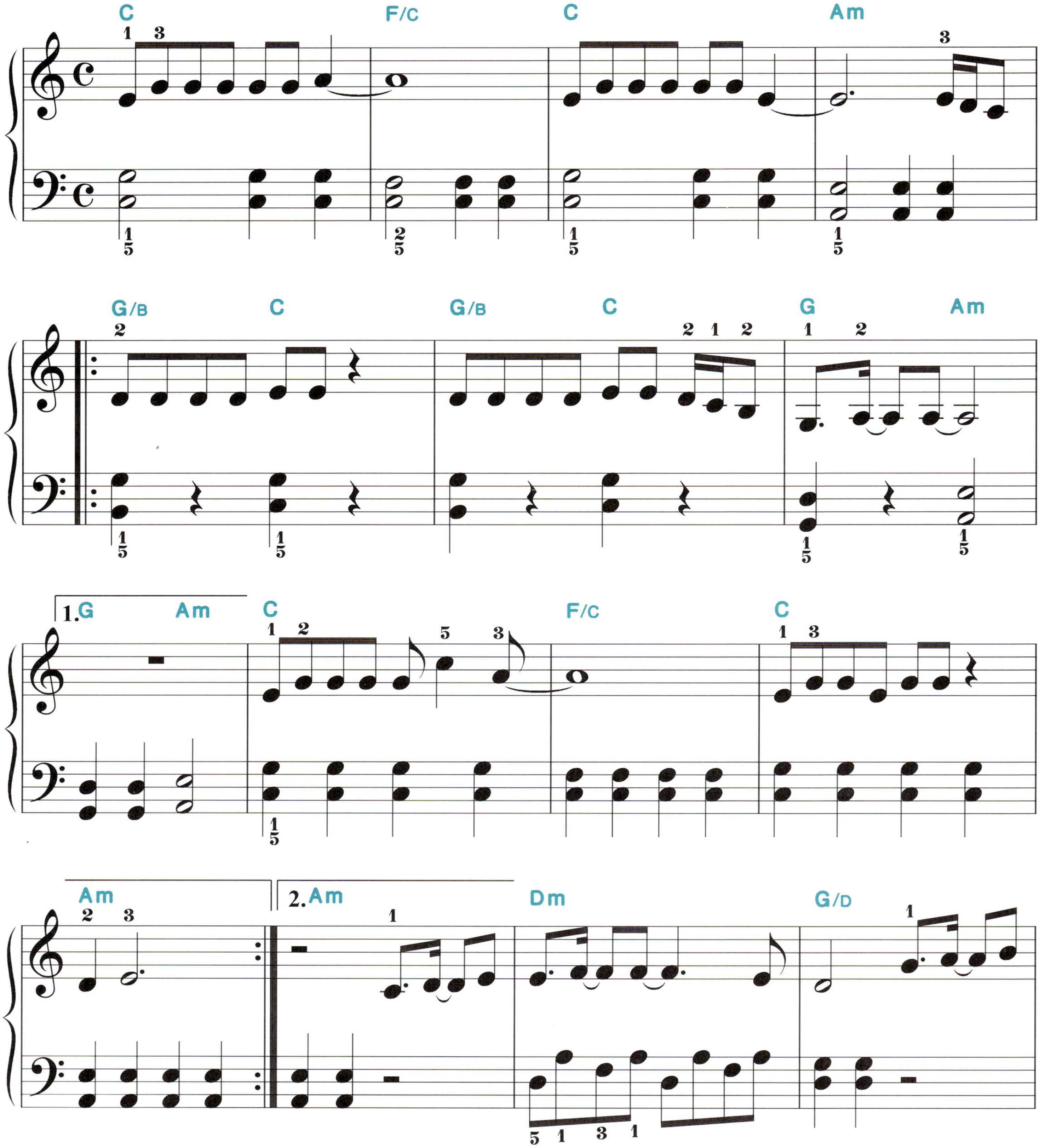

• 폭스 트로트 리듬으로도 반주해 보세요.

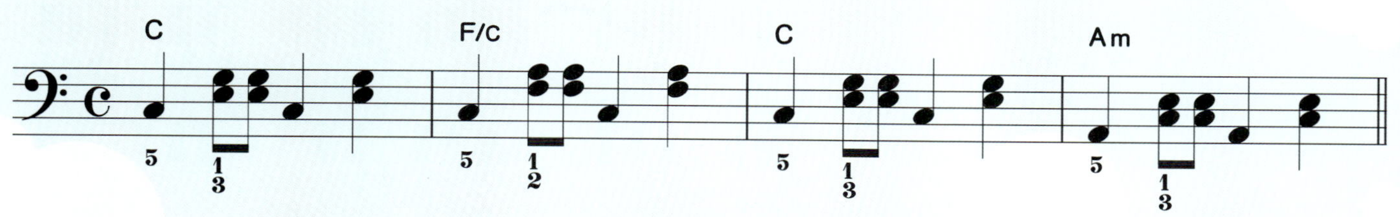

C
F/C
C
Am

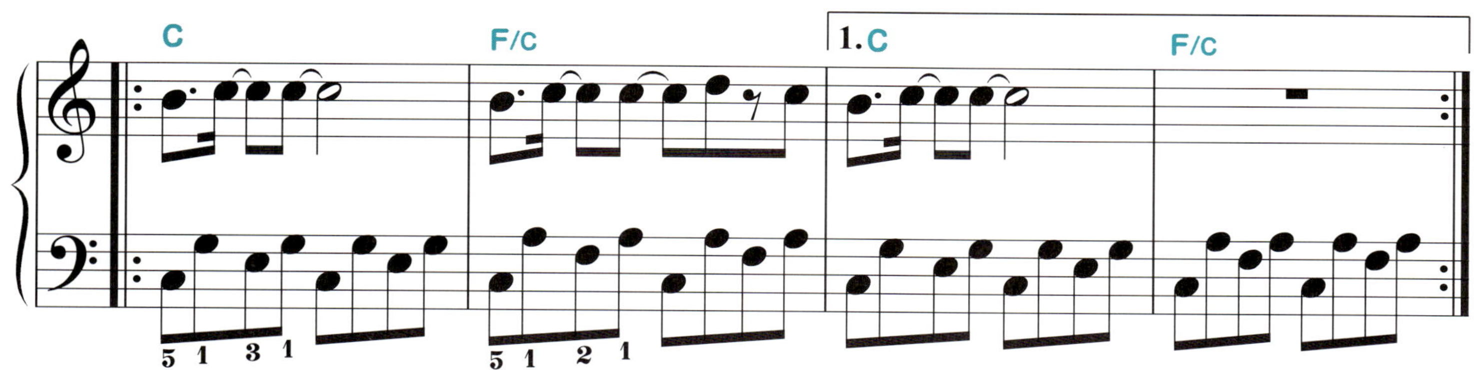

C
F/C
1. C
F/C

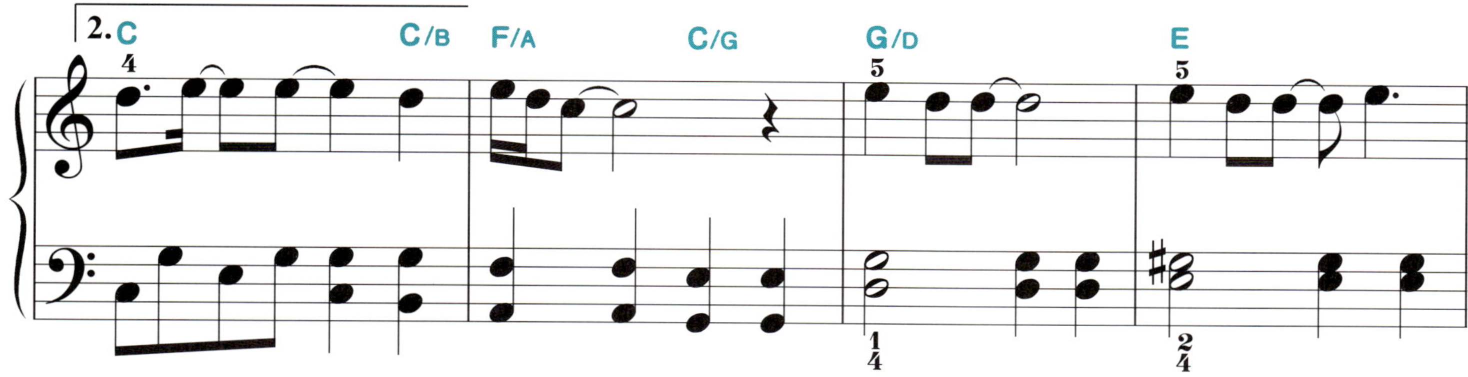

2. C
C/B
F/A
C/G
G/D
E

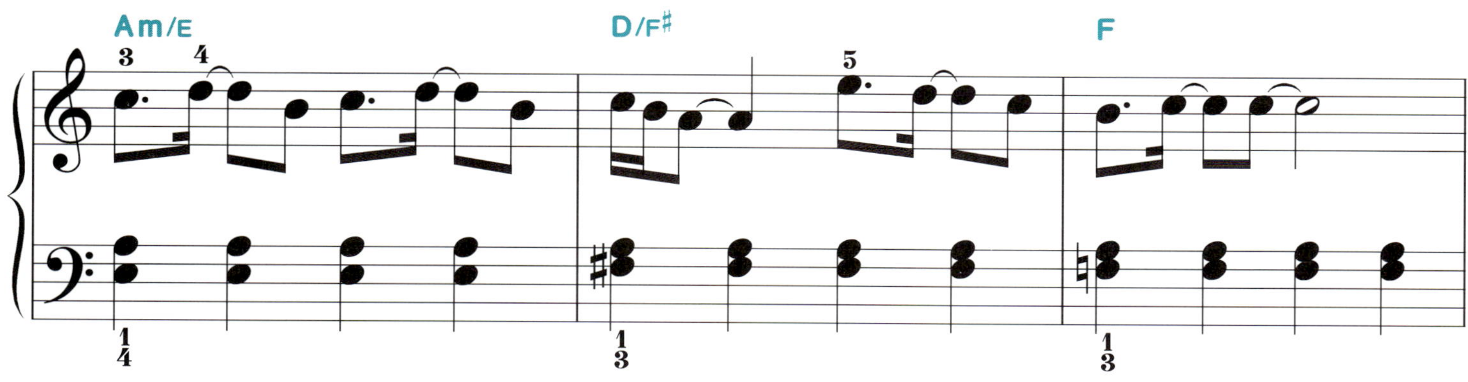

Am/E
D/F#
F

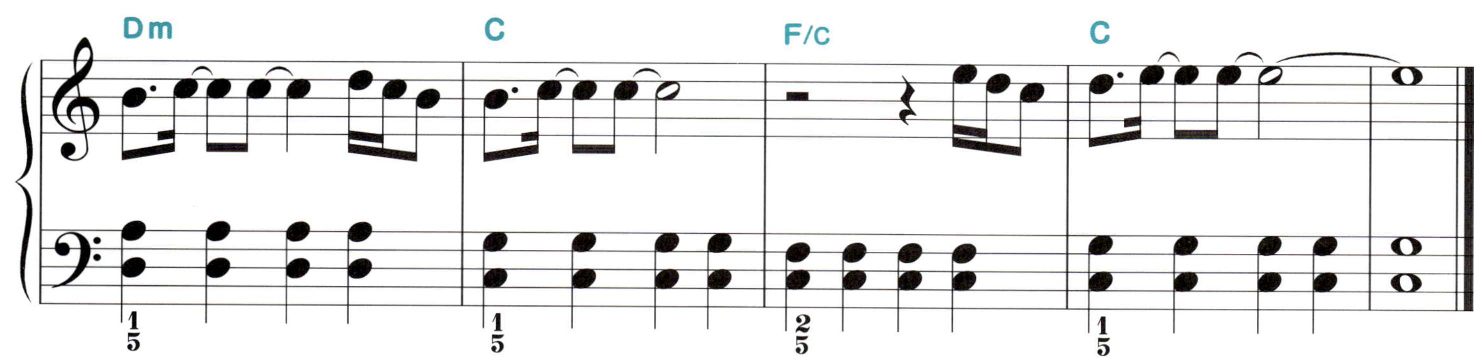

Dm
C
F/C
C

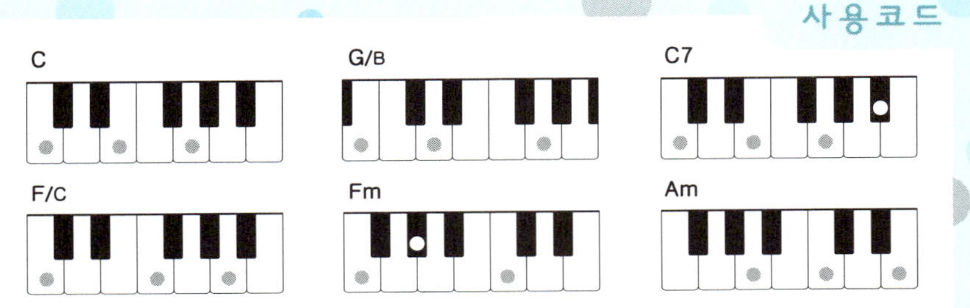

라라라

안영민 사 | 조영수 곡 | SG워너비 노래

•폭스 트로트 리듬으로도 반주해 보세요.

해 요 사 랑 해 요 내가 그 대 에게부족한걸 알지만- 세월
을걷다보면 지칠 때도있 지만 그대의쉴곳이되리 라 사랑
해 요 고마운내 사 랑 평생 그대만을위해부를 이 노래- 사랑
노-래 함께불 러-요 둘이 서 라라 라

CF '지평'
샐러드기념일
이지린 사|이지린 곡|윤은혜 개사

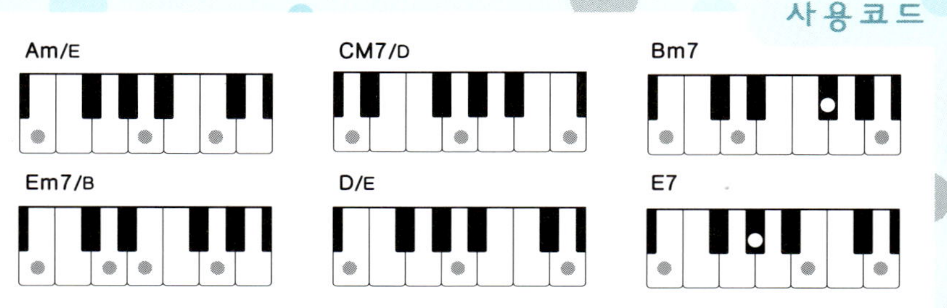
Am/E
CM7/D
Bm7
Em7/B
D/E
E7

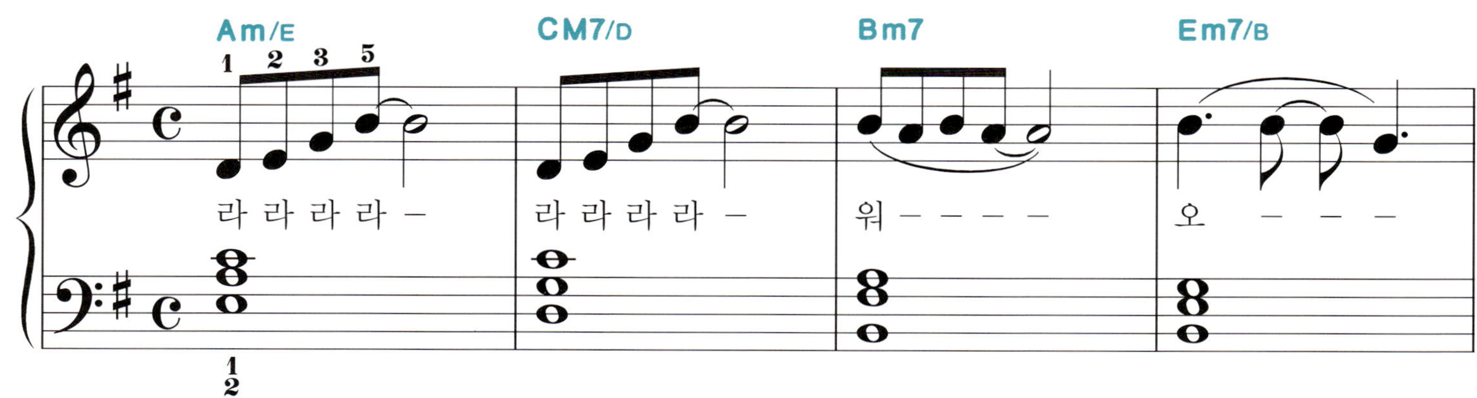
Am/E
CM7/D
Bm7
Em7/B
라 라 라 라 ー
라 라 라 라 ー
워 ー ー ー ー
오 ー ー ー

Am
CM7/D
Bm7
D/E
E7
너 가 맛 있 었 다 고 했
ー 던
살
구 빛 ー 샐
러 드 ー ー ー

Am
CM7/D
Bm7
D/E
E7
맛 있 어 서 ー 또
먹 고 싶 ー 어
너 가 좋 아 했 던
것 들 ー 을 ー ー

Am7/E
CM7/D
Bm7
나 에 게 ー
자 그 마 ー 한
행 복 들 ー 달 력 안

폭스 트로트 리듬으로도 반주해 보세요.

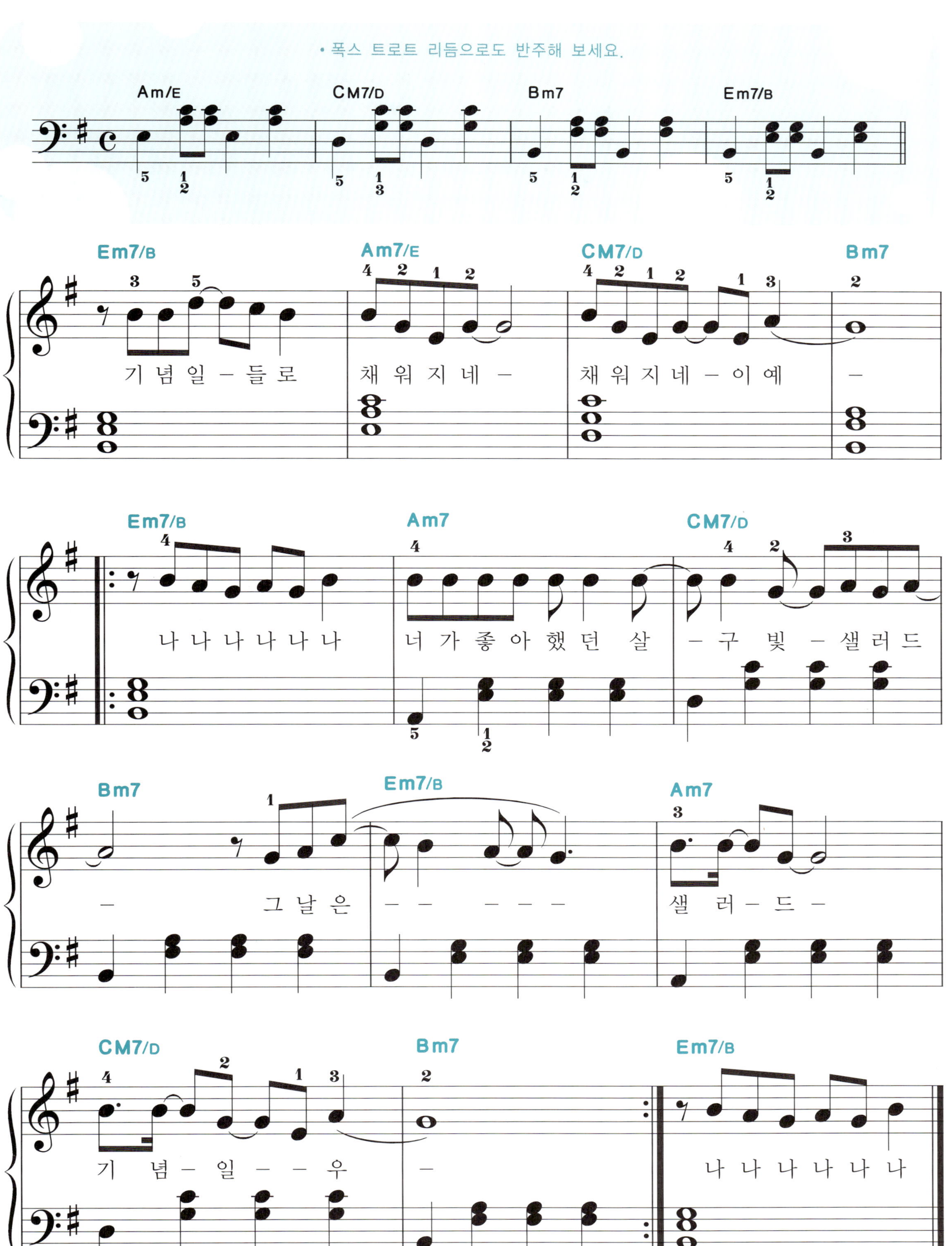

기 념 일 — 들 로
채 워 지 네 —
채 워 지 네 — 이 예
—
나 나 나 나 나 나
너 가 좋 아 했 던 살
— 구 빛 — 샐 러 드
— 그 날 은 — — — — —
샐 러 드 —
기 념 — 일 — — 우 —
나 나 나 나 나 나

'무한도전' 삽입곡

노홍철찬가 (Mo' Better Blues)

Branford Marsalis 곡

사용코드

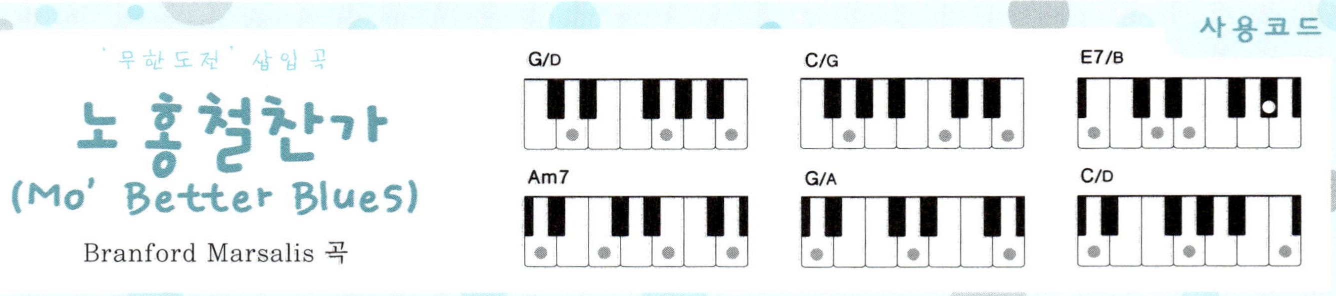

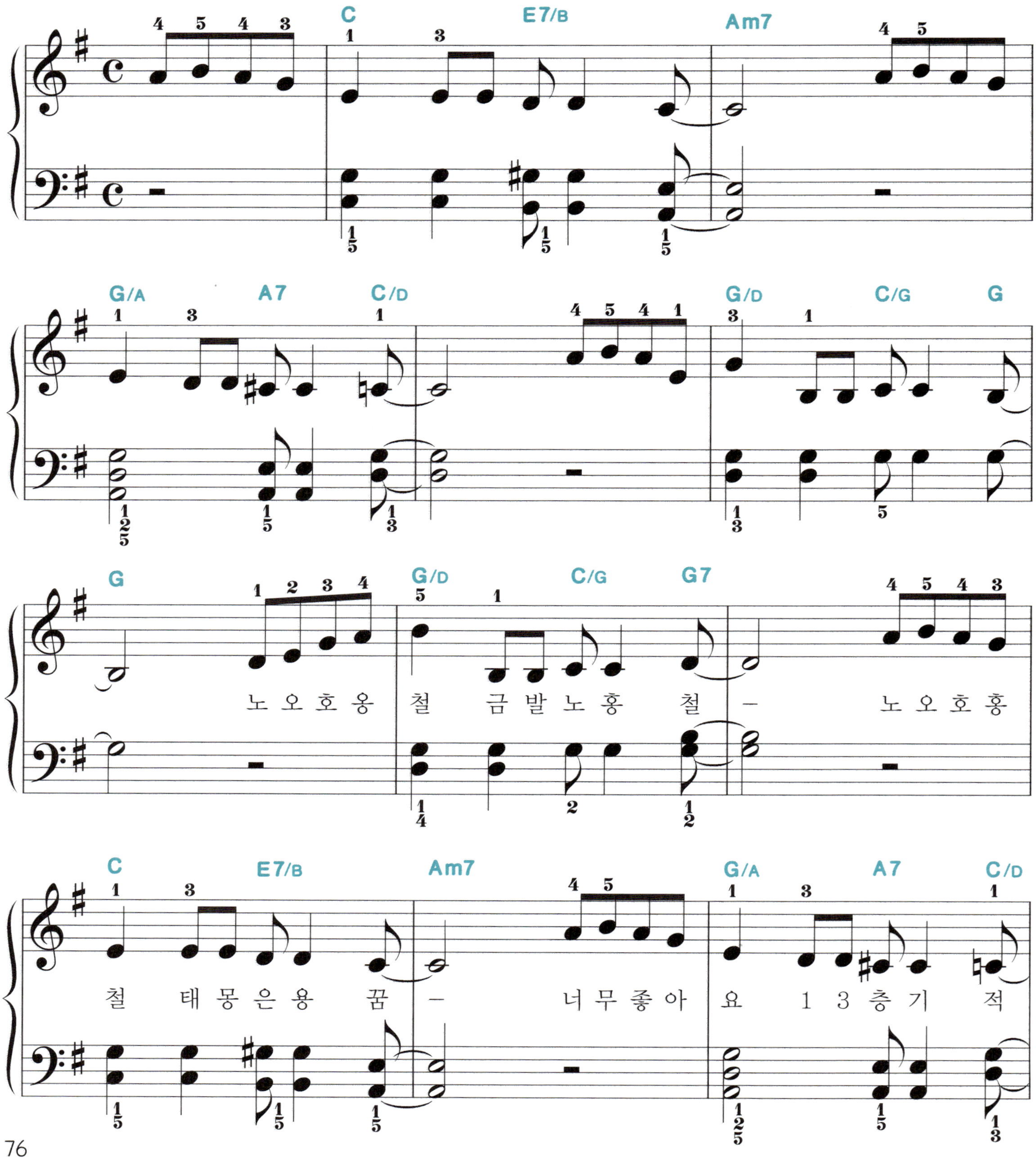

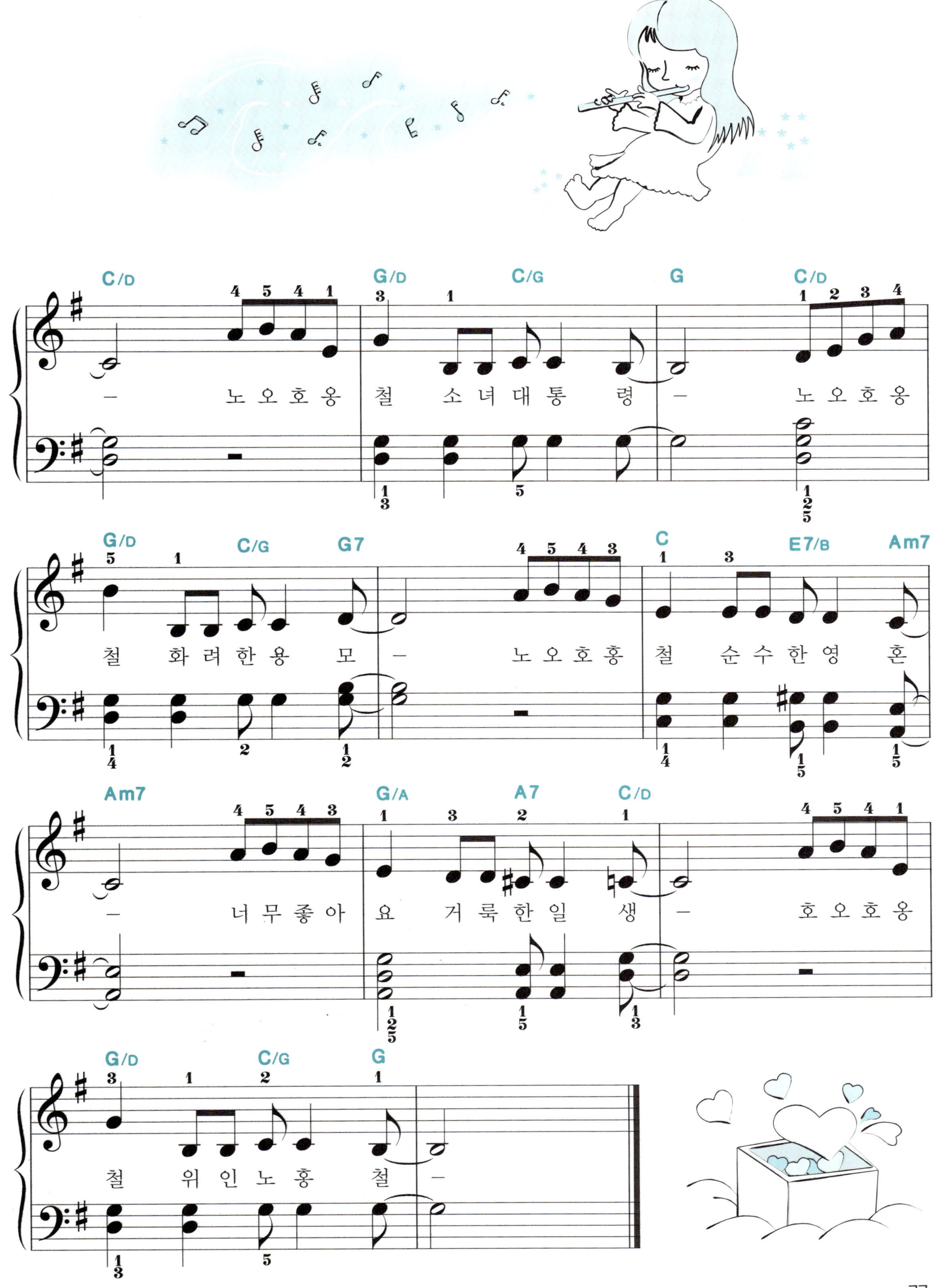

C/D
노 오 호 옹 철 소 녀 대 통 령 — 노 오 호 옹
G/D C/G G C/D
G/D C/G G7 C E7/B Am7
철 화 려 한 용 모 — 노 오 호 홍 철 순 수 한 영 혼
Am7 G/A A7 C/D
— 너 무 좋 아 요 거 룩 한 일 생 — 호 오 호 옹
G/D C/G G
철 위 인 노 홍 철 —

드라마 '에덴의 동쪽' 타이틀곡

운명을 거슬러

안영민 사 | 조영수 곡 | SG워너비, 김종욱 노래

사용코드

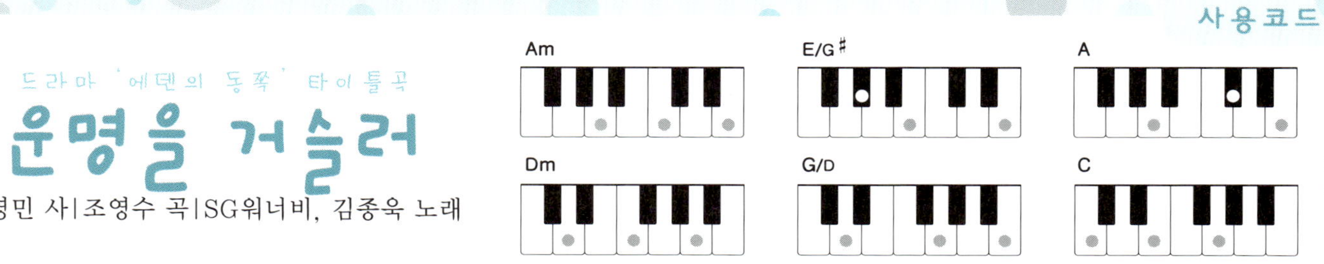

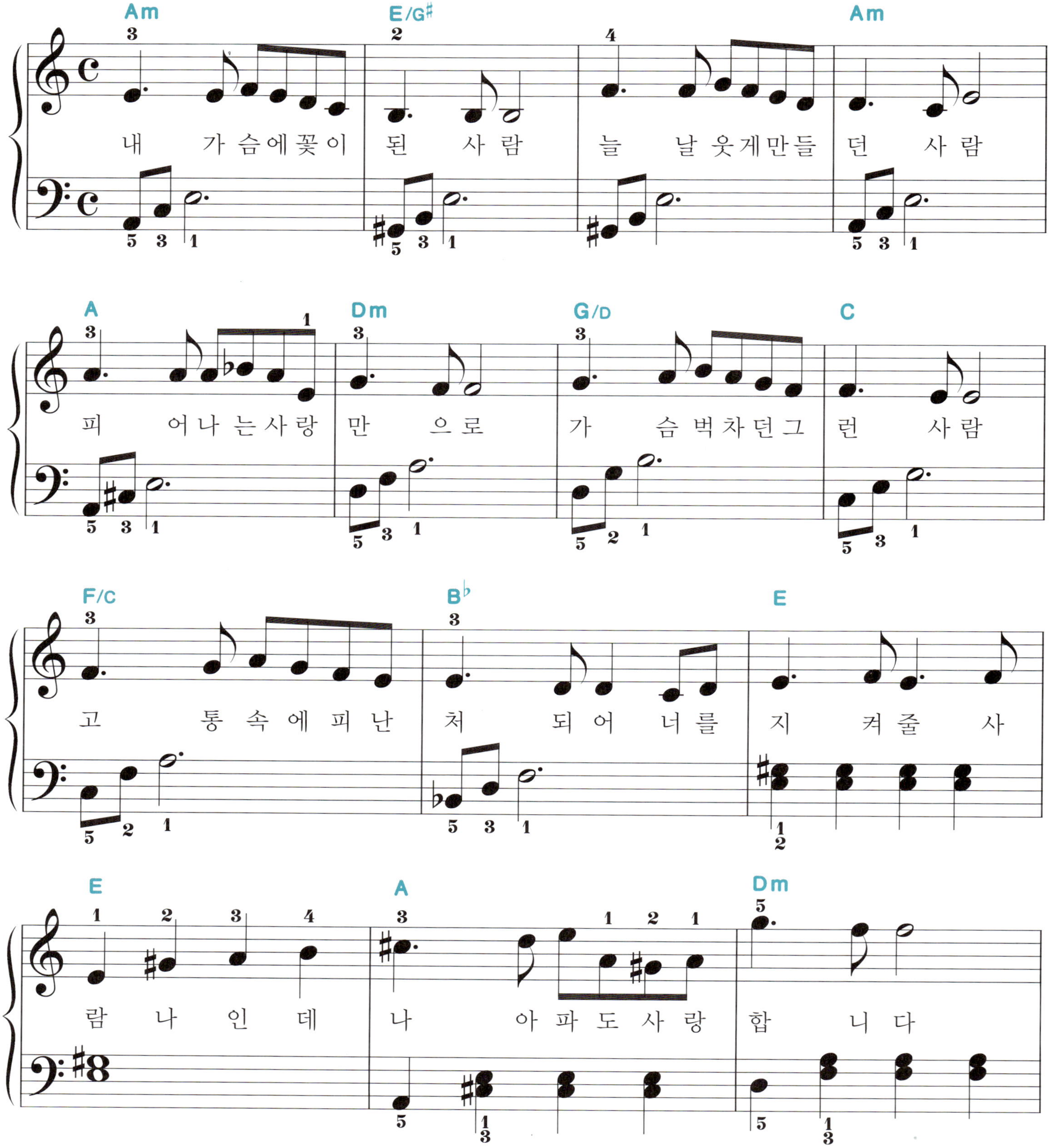

• 비긴 리듬으로도 반주해 보세요.

Am
E/G♯
Am
G/B
C
Bdim
E/B
나 슬퍼도웃어봅니다
사 랑해 너를
Am
Am/G
B
E/B
A
사 랑해
그 한마디못해도
나 를사랑하지
Dm
G
C
않 아 도
나 를바라보지
않 아 도
Bdim
E/B
Am G F♯dim
F
G
Am
나 는정말행복한 사 람
추억하나 로 도

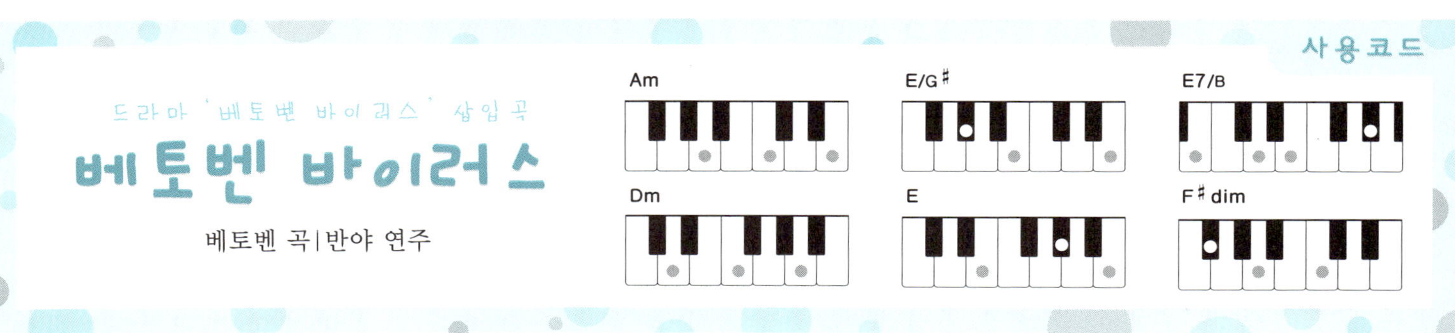
사용코드
드라마 '베토벤 바이러스' 삽입곡
베토벤 바이러스
베토벤 곡|반야 연주
Am
E/G#
E7/B
Dm
E
F#dim

Am
E/G#
Am

Am
E7/B
Am
Dm
E

Am/E
F#dim
D#dim7
E
1. Am

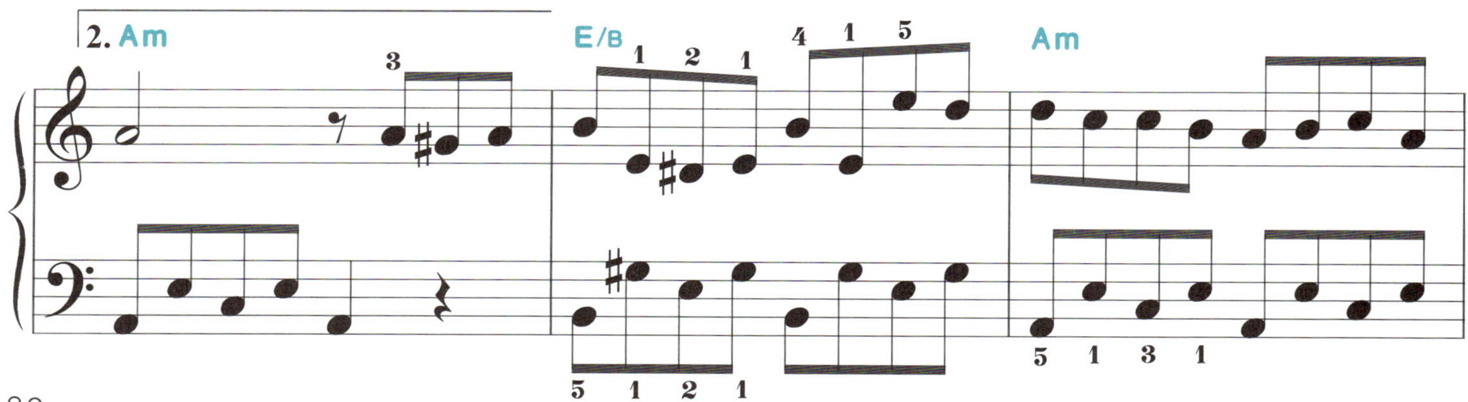
2. Am
E/B
Am

• 4비트 리듬으로도 반주해 보세요.

Am   E/G#   Am   E7/B   Am

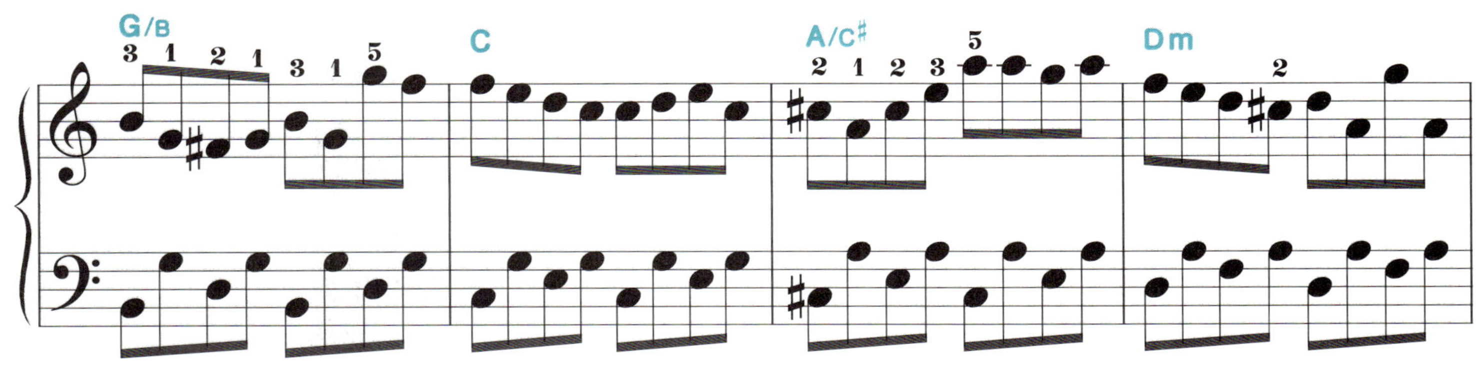
G/B   C   A/C#   Dm

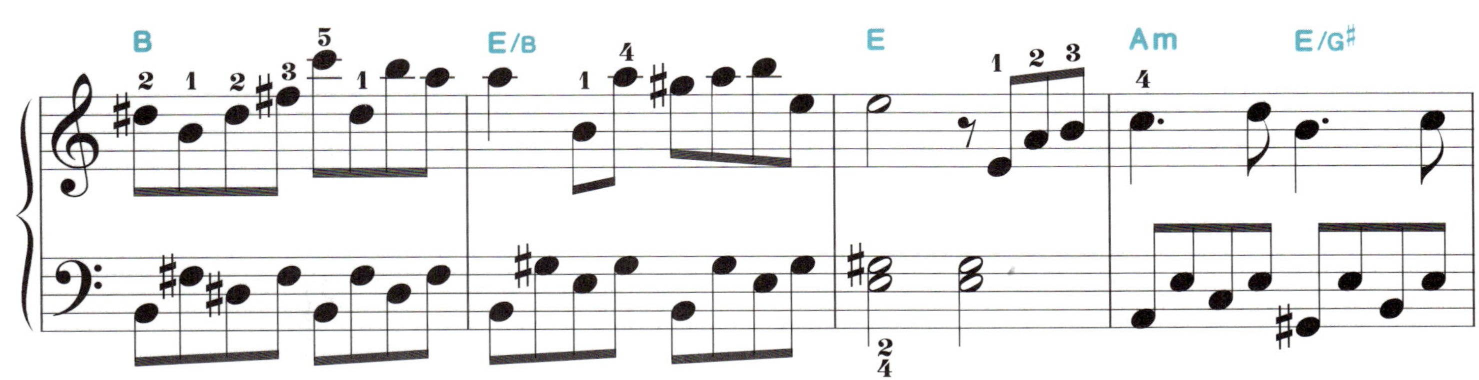
B   E/B   E   Am   E/G#

Am   E7/B   Am

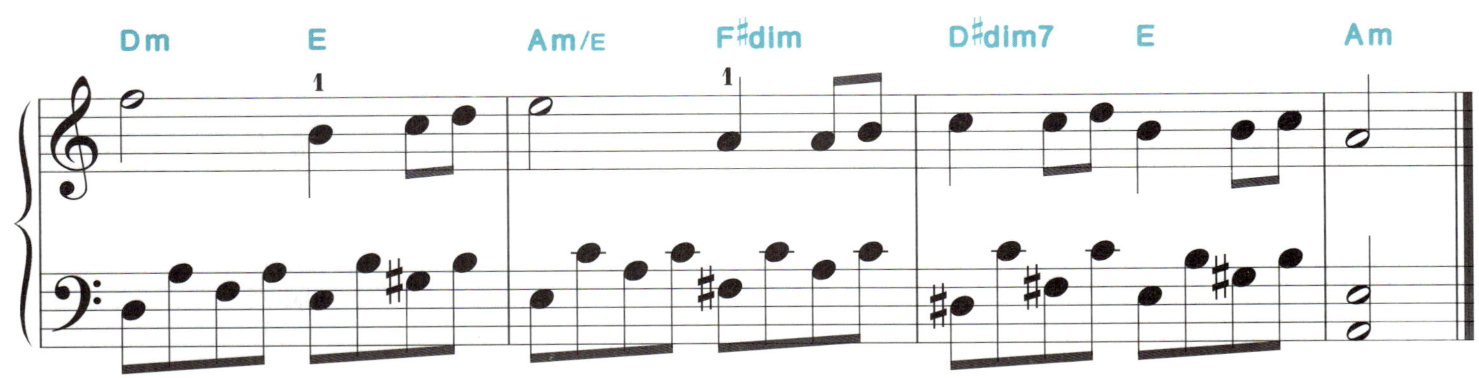
Dm   E   Am/E   F#dim   D#dim7   E   Am

그대라면

추헌곤, 이재학 사 | 이재학 곡 | 알렉스 노래

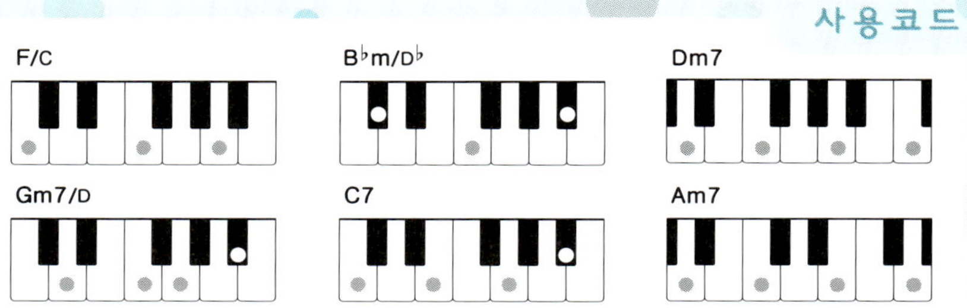

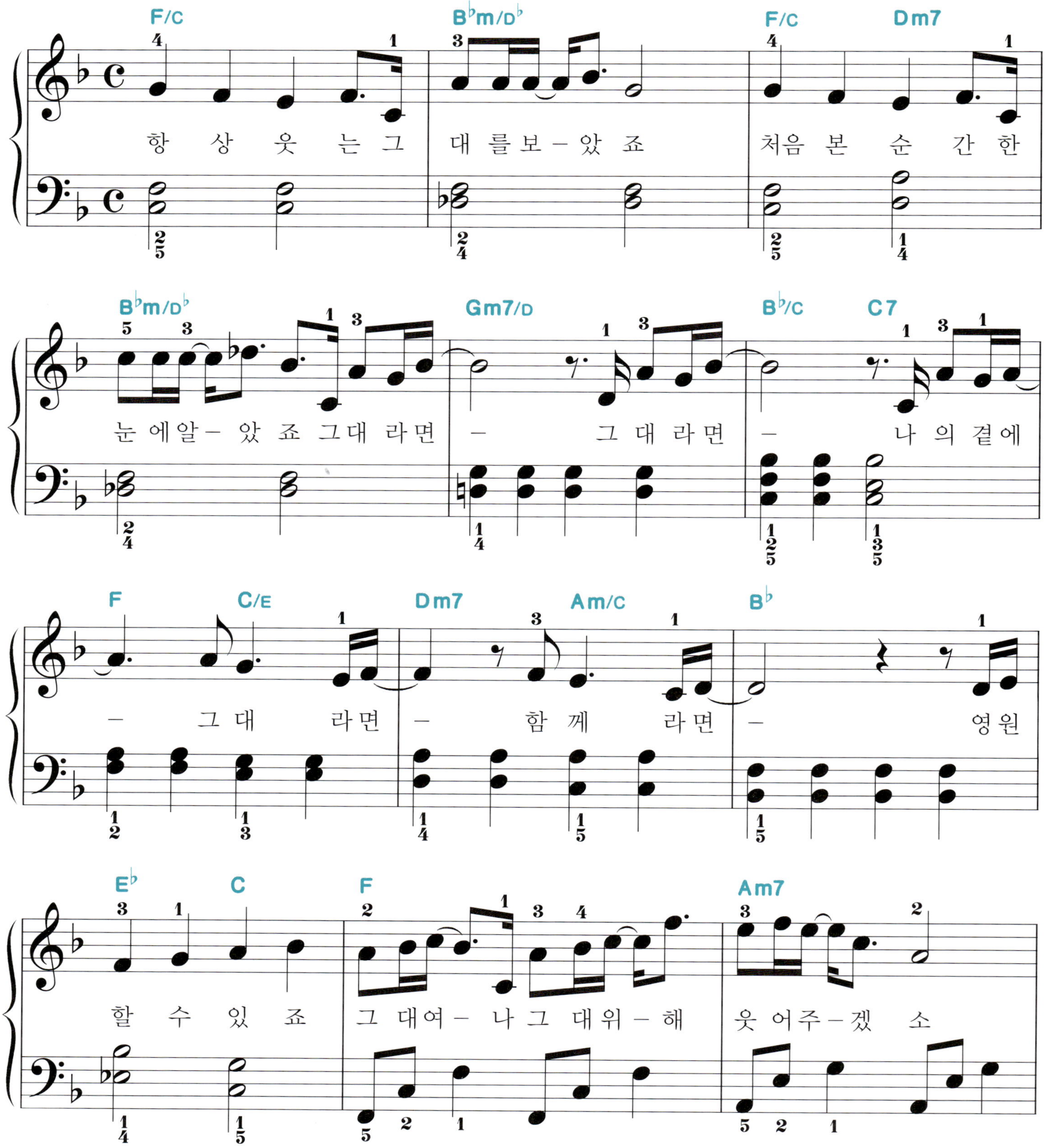

• 4비트 리듬으로도 반주해 보세요.
F/C
B♭m/D♭
F/C
Dm7
B♭m/D♭
Cm
그 대여- 또그 댈위-해
Dsus4
D
울 어주-겠 소 내생 애
Gm7
B♭/C
FM7
단 한번만 나
Gm7
C
단 한번만 사 랑 하면 -바로그 대 - 라
F
F/A
오 그 대-여
B♭
C7/B♭
Am7
D
단 한번만 나
단 한번만 사 랑 하
Gm7
C
F/C
겠소 -바로그 대 - 라오 -

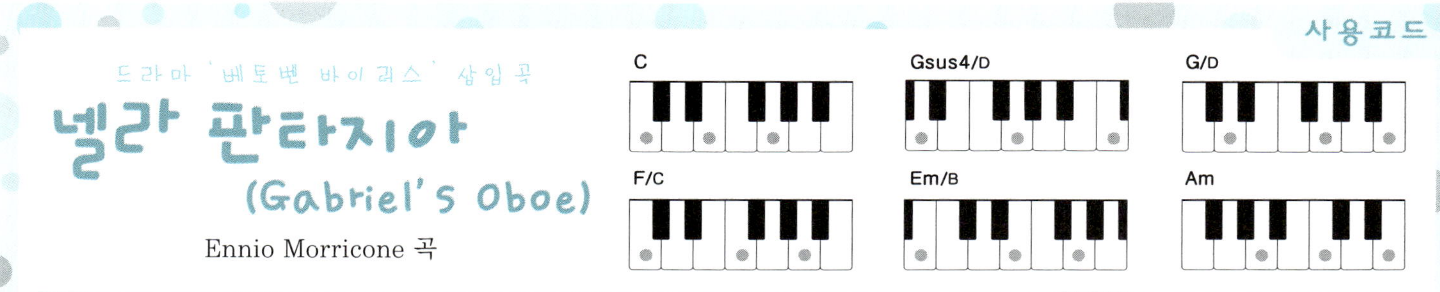

드라마 '베토벤 바이러스' 삽입곡

넬라 판타지아
(Gabriel's Oboe)

Ennio Morricone 곡

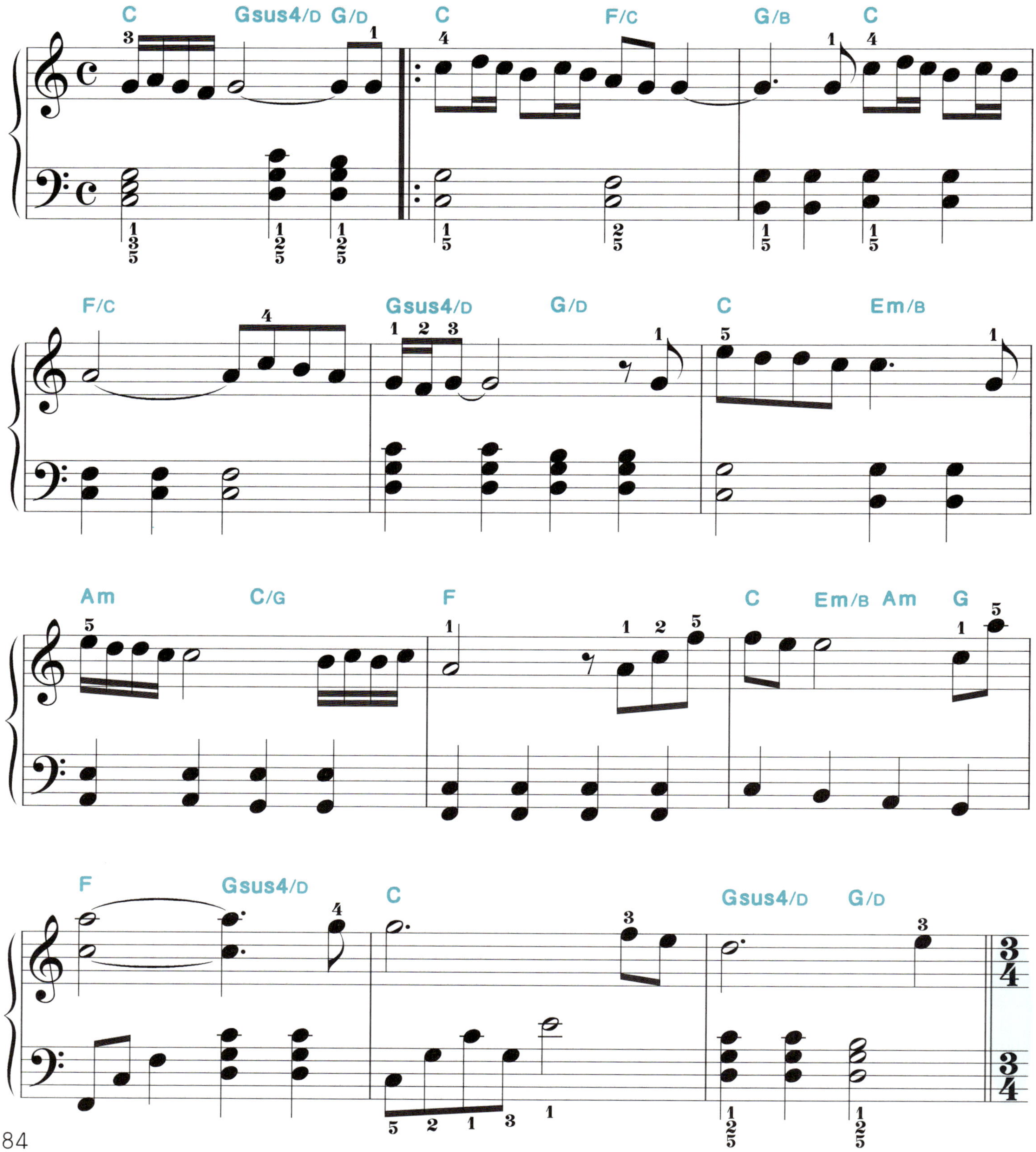

사용코드

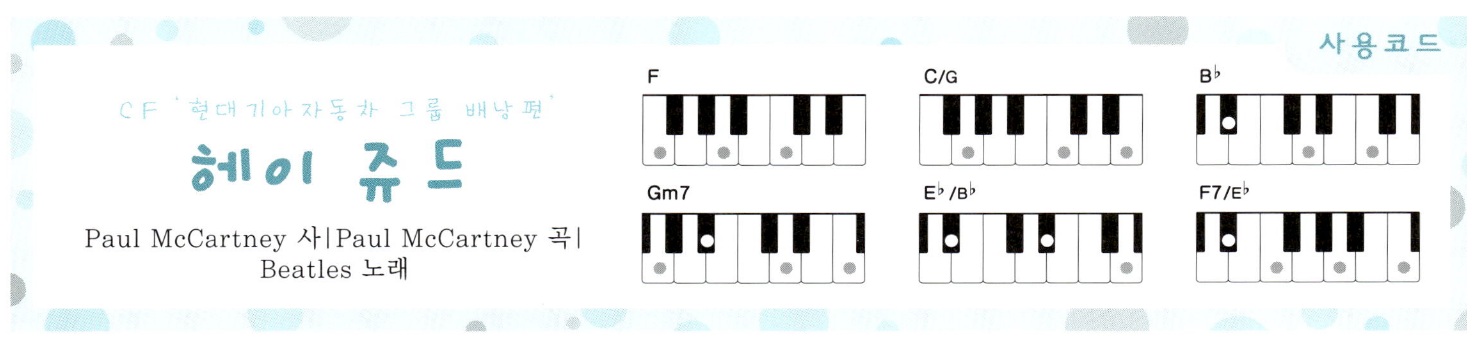

CF '현대기아자동차 그룹 배낭편'

헤이 쥬드

Paul McCartney 사|Paul McCartney 곡|
Beatles 노래

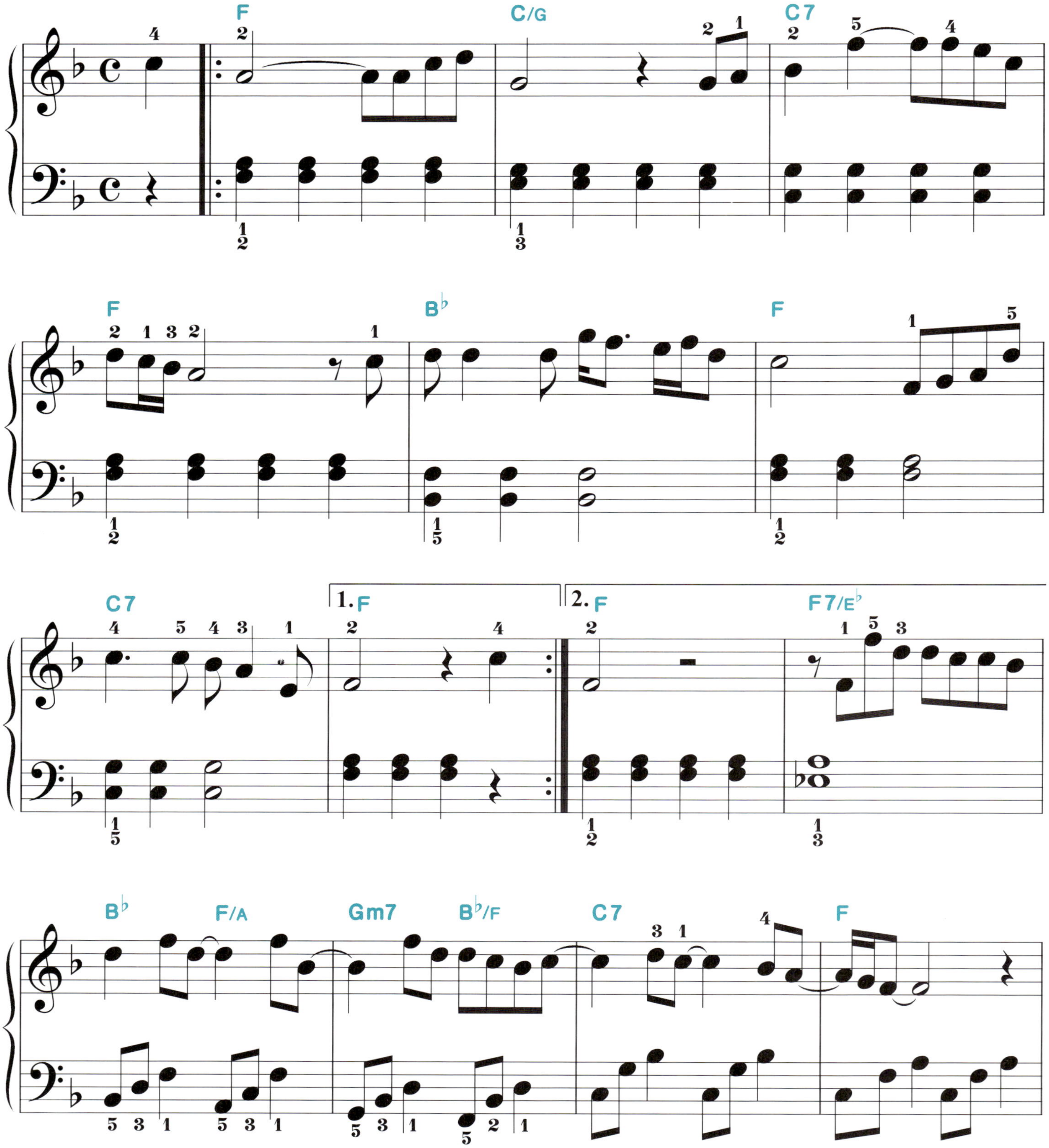

• 4비트 변형 리듬으로도 반주해 보세요.

F
C/G
C7
F

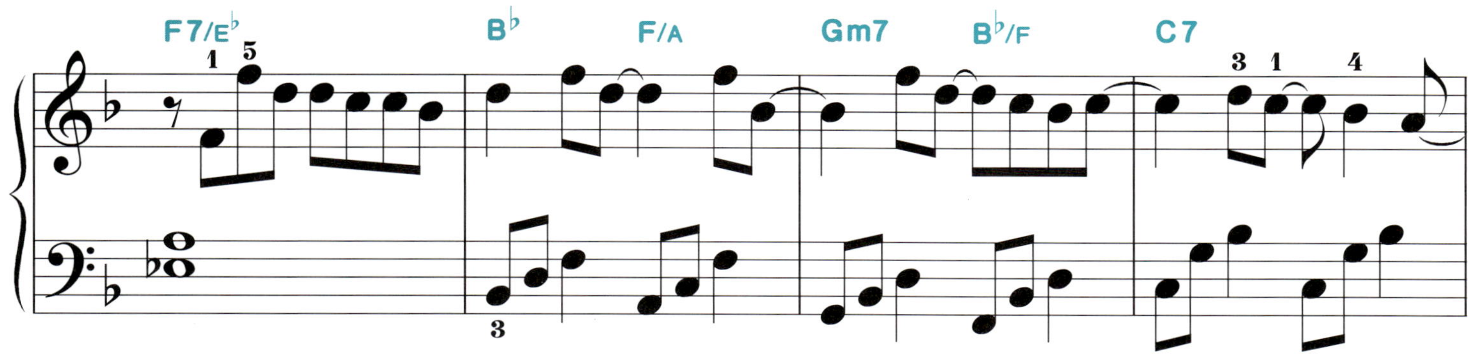
F7/E♭
B♭
F/A
Gm7
B♭/F
C7

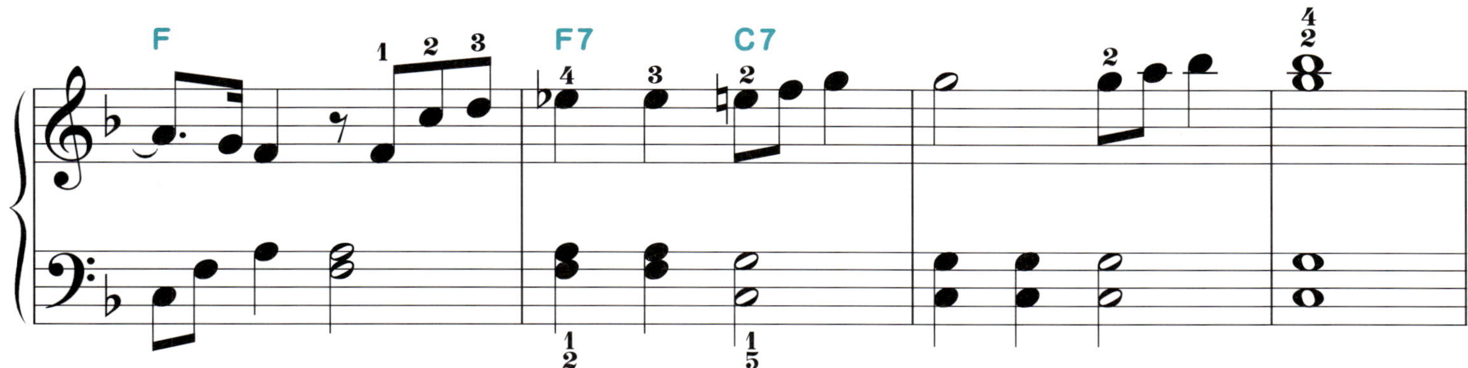
F
F7
C7

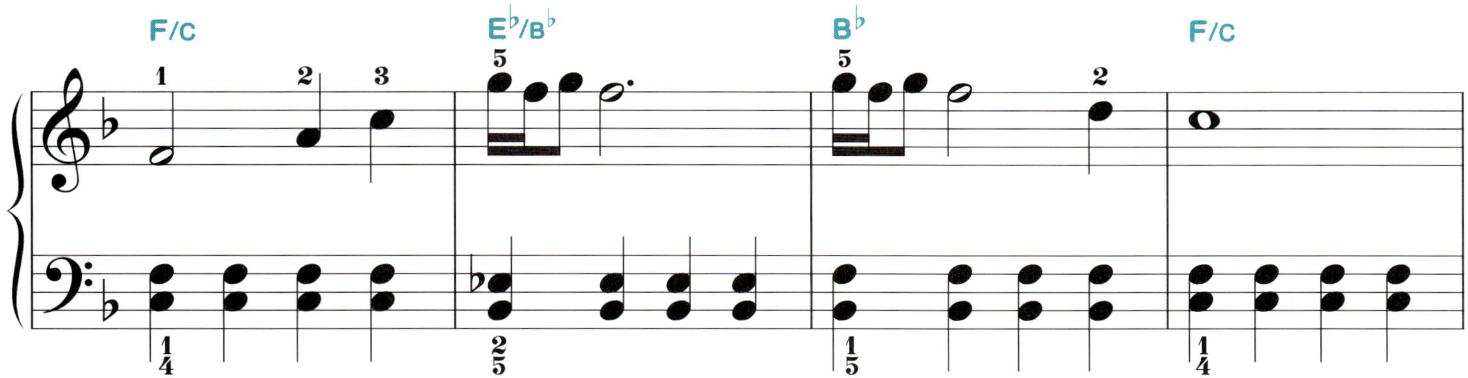
F/C
E♭/B♭
B♭
F/C

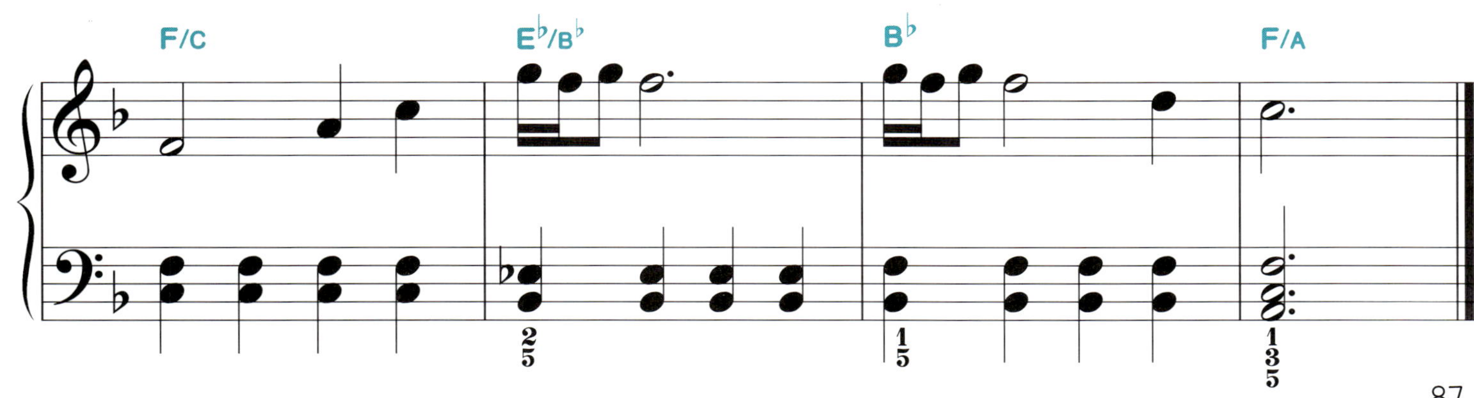
F/C
E♭/B♭
B♭
F/A

드라마 '베토벤 바이러스' 삽입곡

들리나요

임보경 사 | 이상준 곡 | 태연(소녀시대) 노래

사용코드

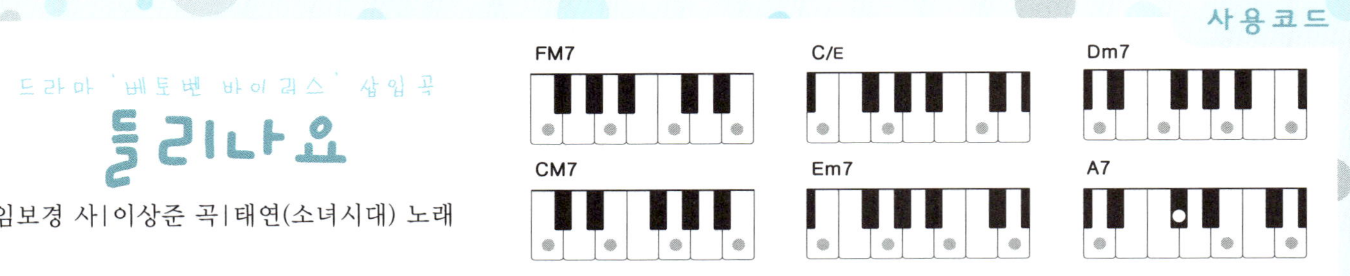

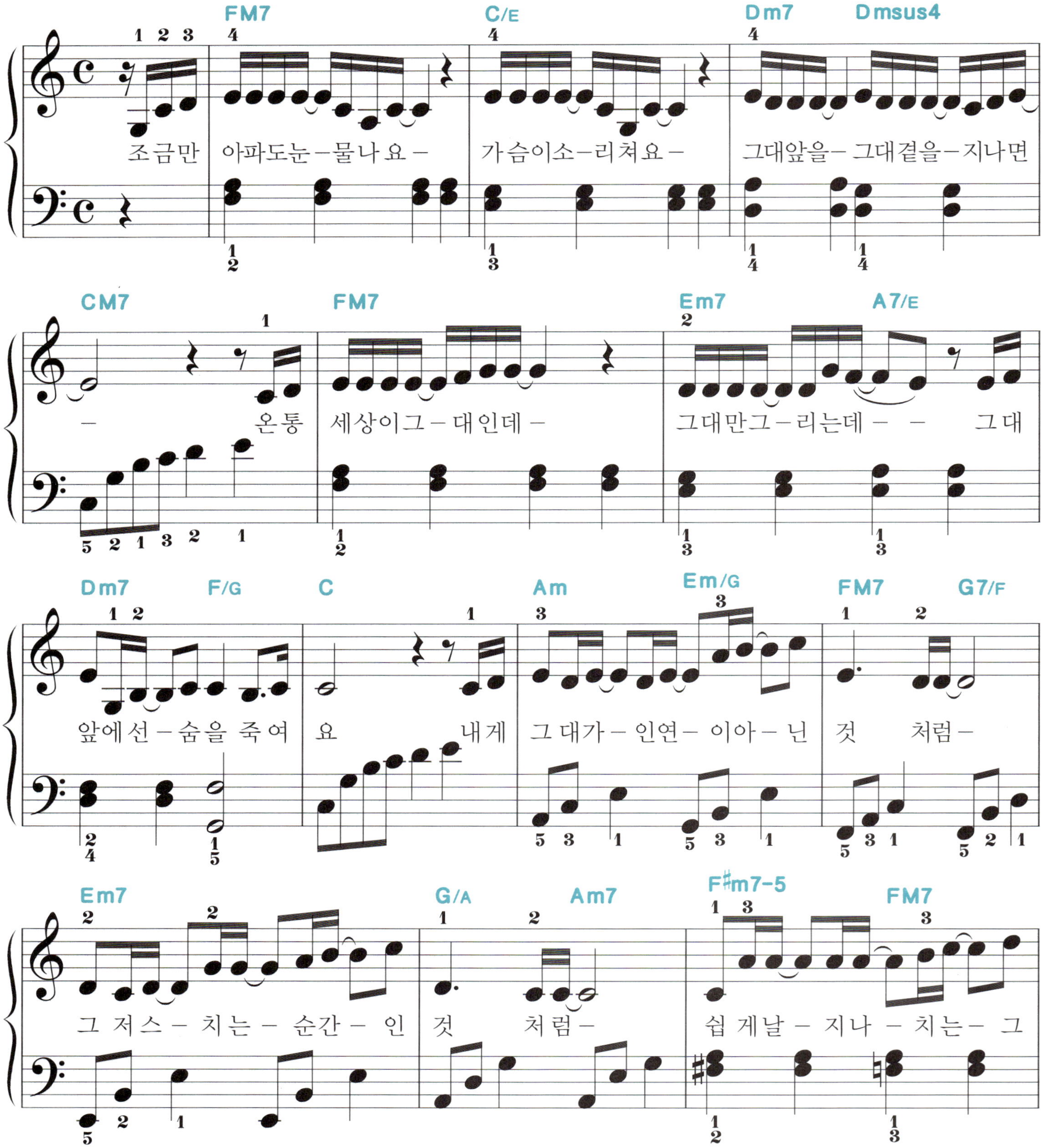

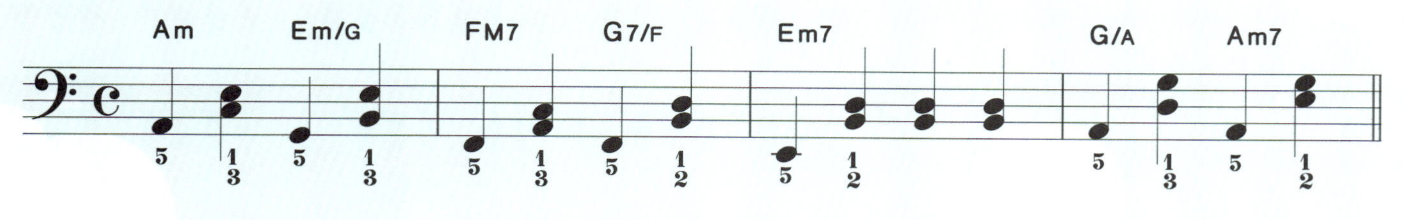

• 4비트 리듬으로도 반주해 보세요.

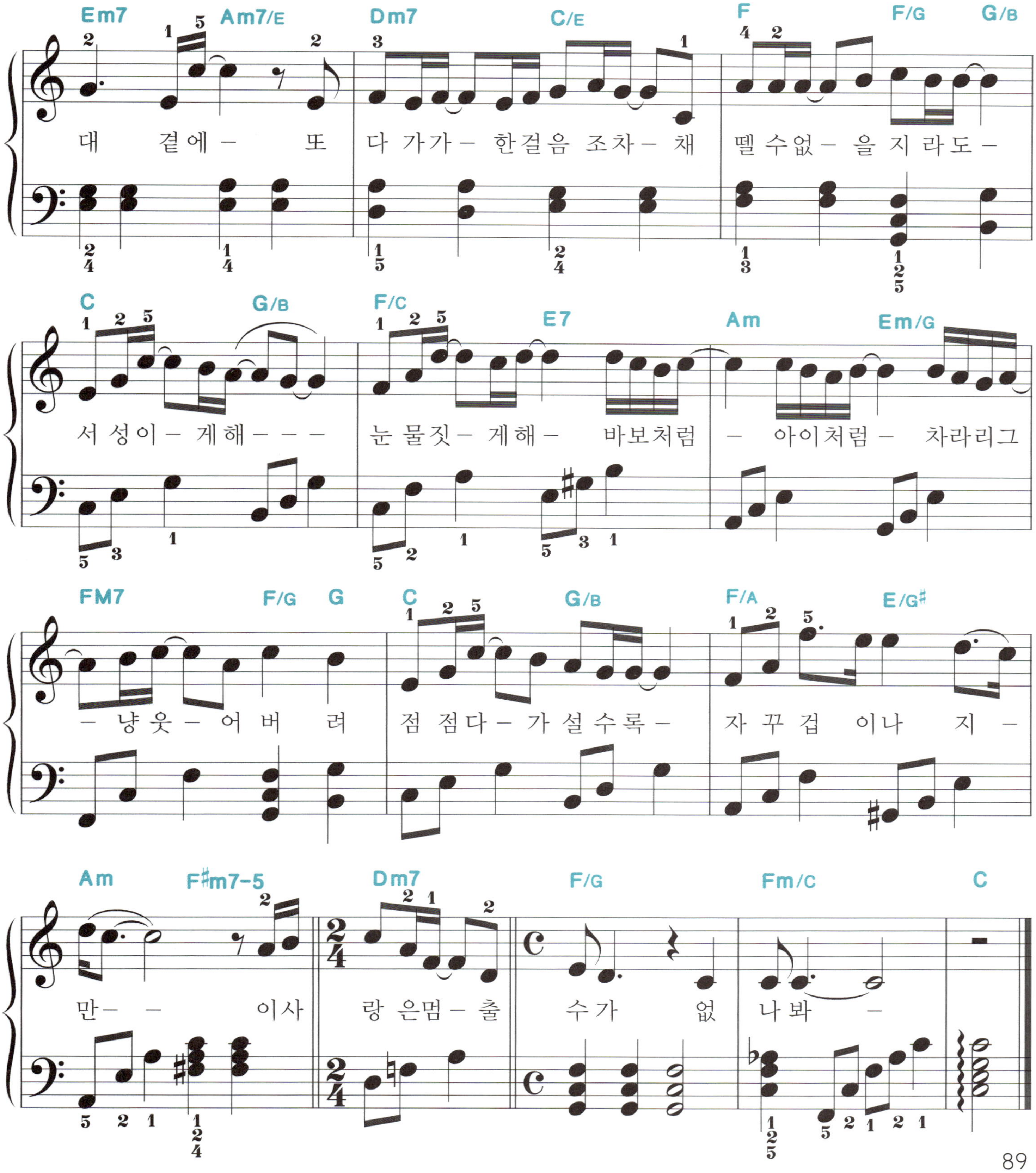

Am Em/G FM7 G7/F Em7 G/A Am7

Em7 Am7/E Dm7 C/E F F/G G/B
대 곁에 – 또 다 가가 – 한걸음 조차 – 채 뗄 수없 – 을 지 라도 –
C G/B F/C E7 Am Em/G
서 성이 – 게 해 – – – 눈 물짓 – 게 해 – 바보처럼 – 아이처럼 – 차라리그
FM7 F/G G C G/B F/A E/G♯
– 냥 웃 – 어 버 려 점 점다 – 가 설 수 록 – 자 꾸 겁 이나 지 –
Am F♯m7-5 Dm7 F/G Fm/C C
만– – 이사 랑 은멈 – 출 수 가 없 나 봐 –

퐁당퐁당(이루마 Ver.)

홍난파 곡 | 이루마 연주

사용코드

Am
Em/G
FM7
Dm7
C/E
F/G

8va
Am
Em/G
FM7
Am
8va
Em/G
FM7
F
Em
8va
FM7
Em
Dm
8va
Em
F
G

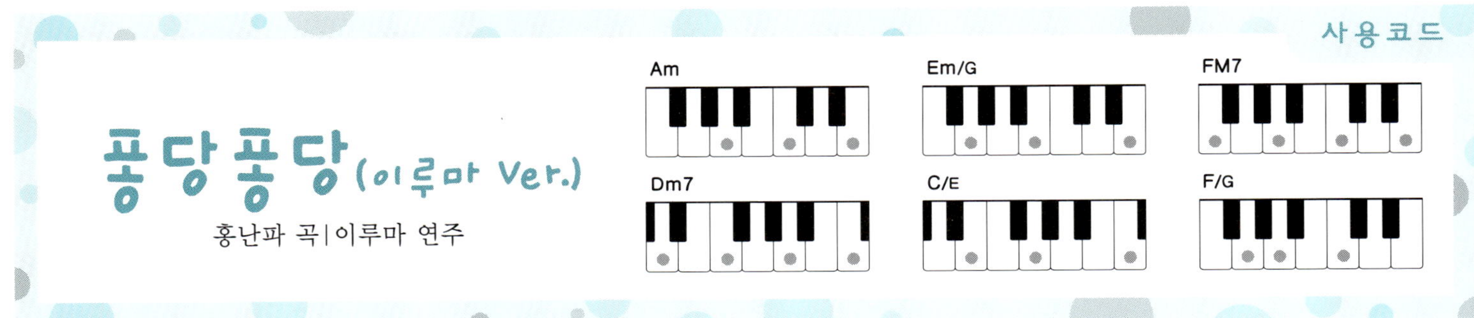

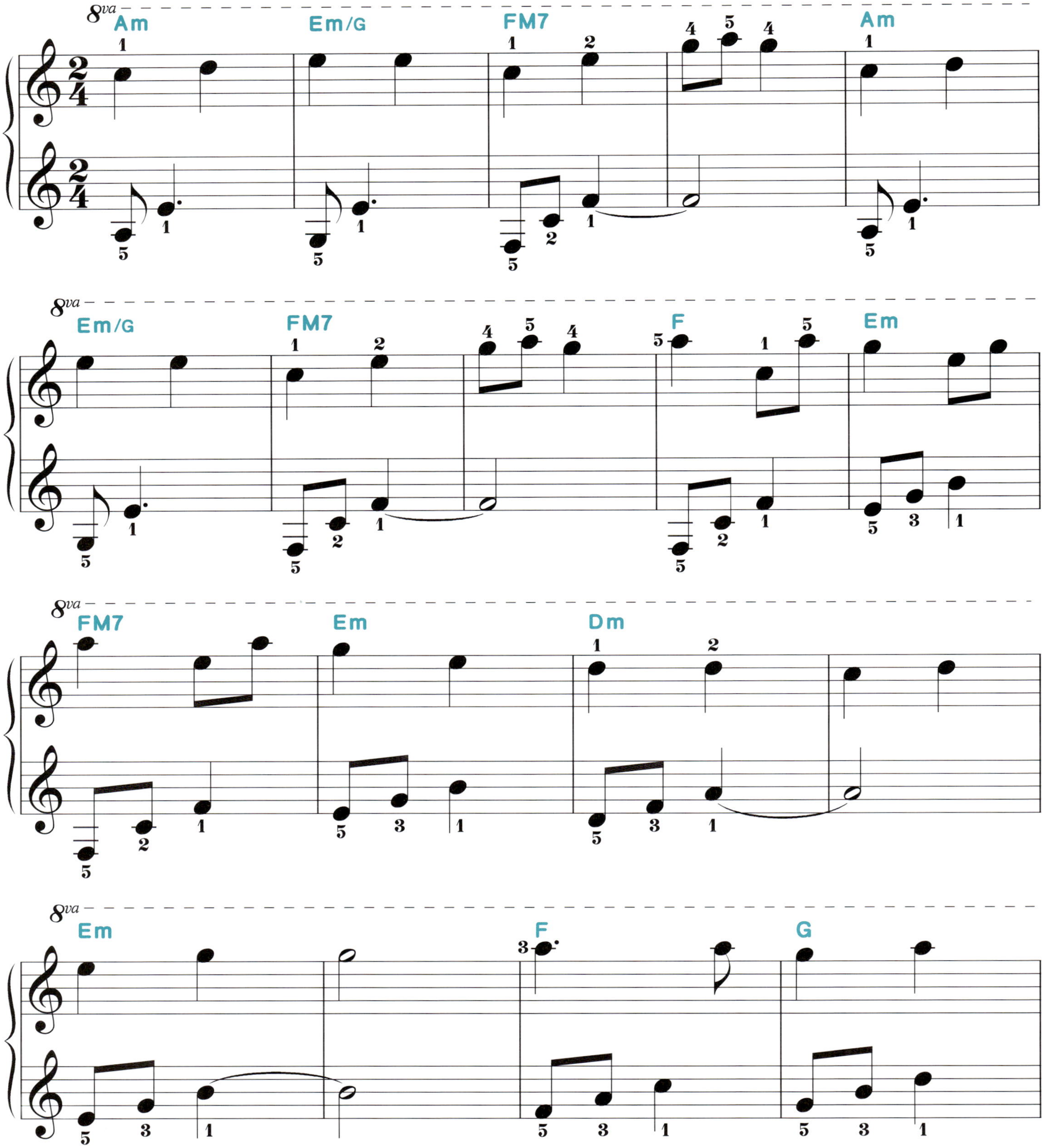

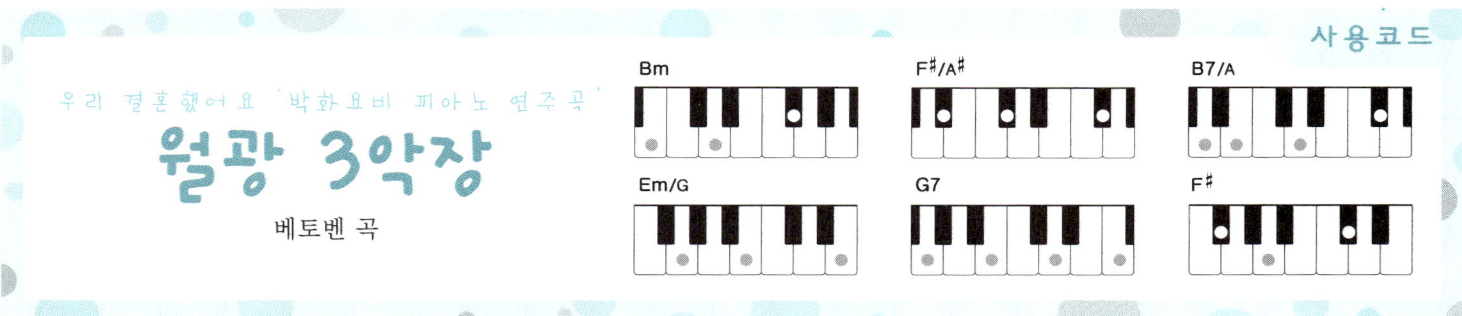

사용코드
우리 결혼했어요 '박화요비 피아노 연주곡'
월광 3악장
베토벤 곡
Bm
F#/A#
B7/A
Em/G
G7
F#

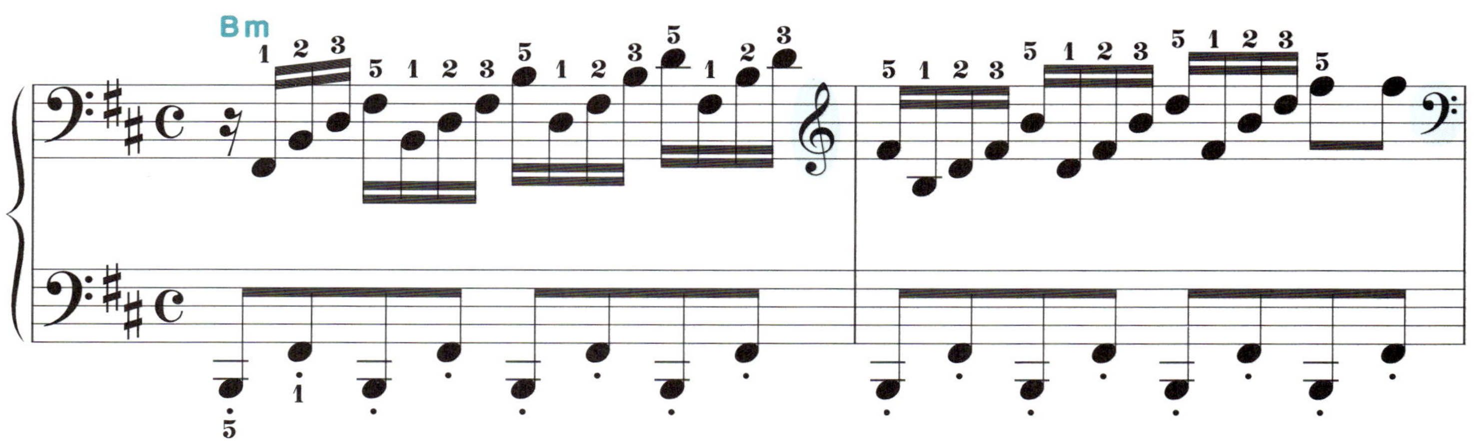

Bm

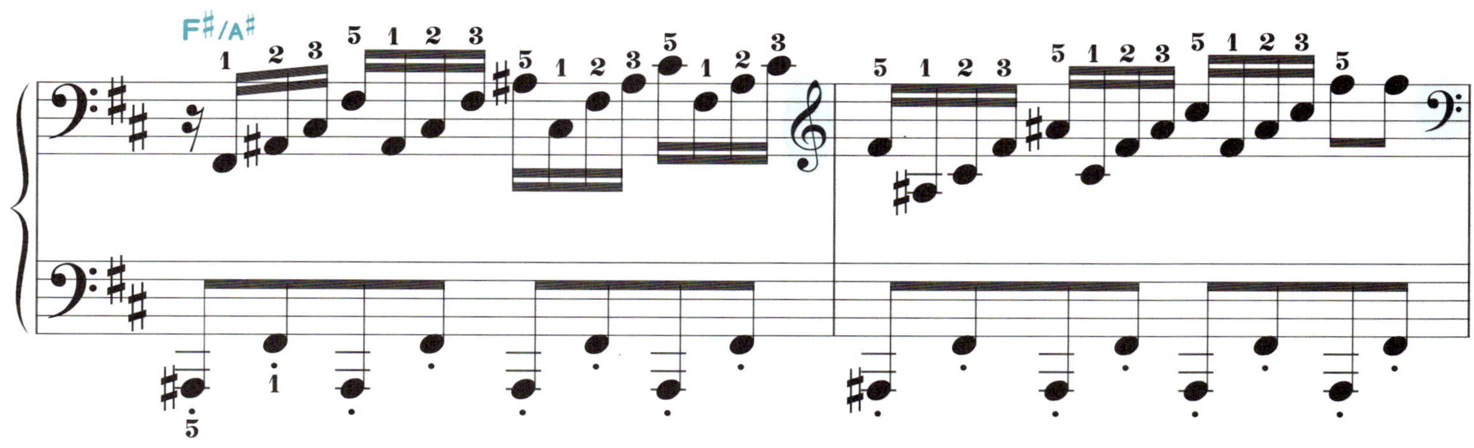

F#/A#

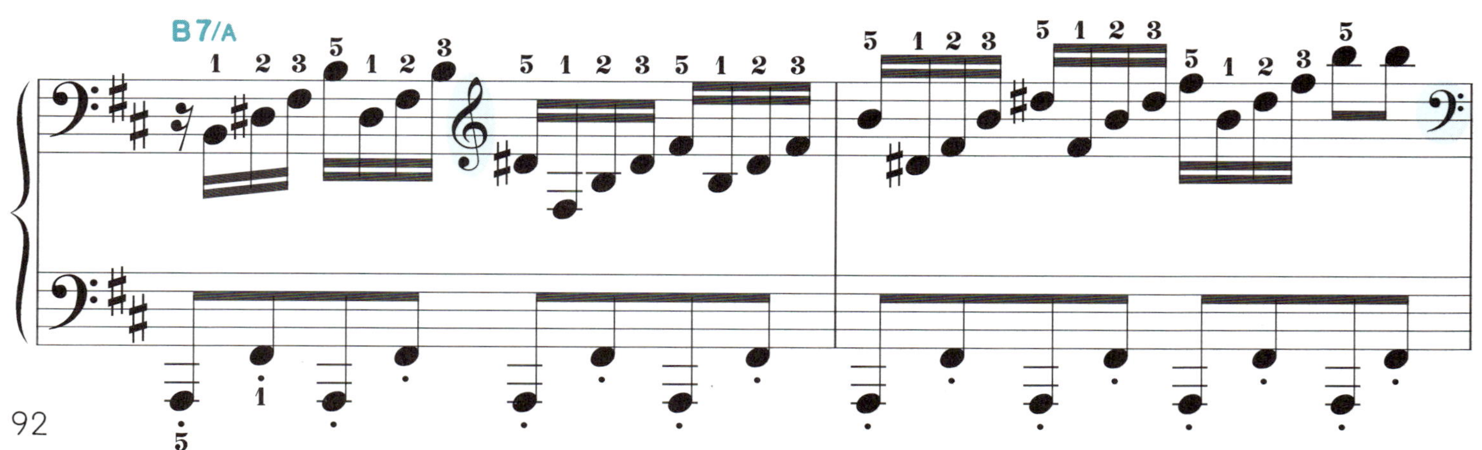

B7/A

Em/G
G7
F#
F#
F#/A#
F#
93

Claudine

Toncihuljic 곡 | Maksim 연주

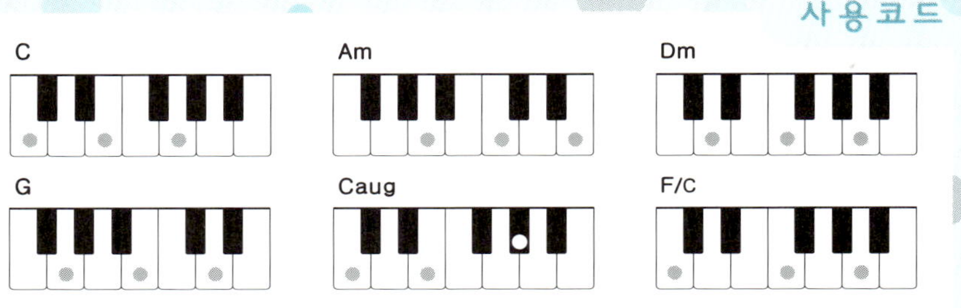

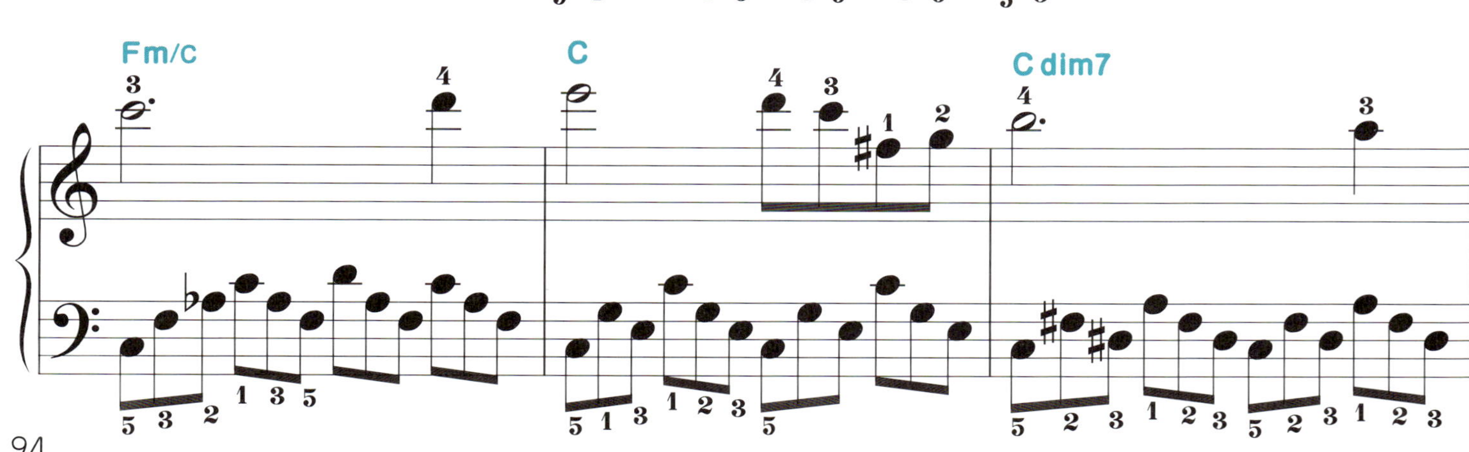

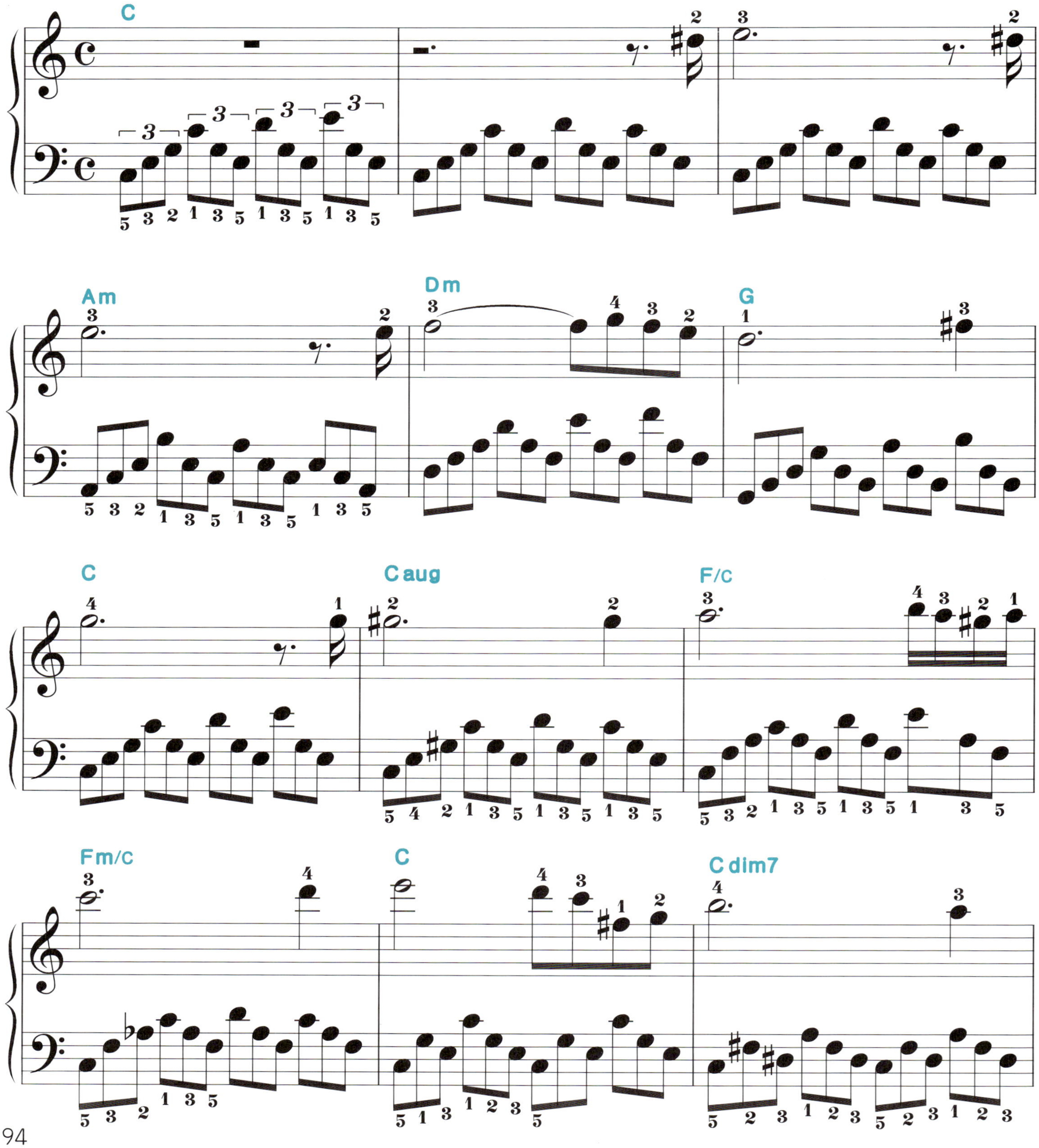

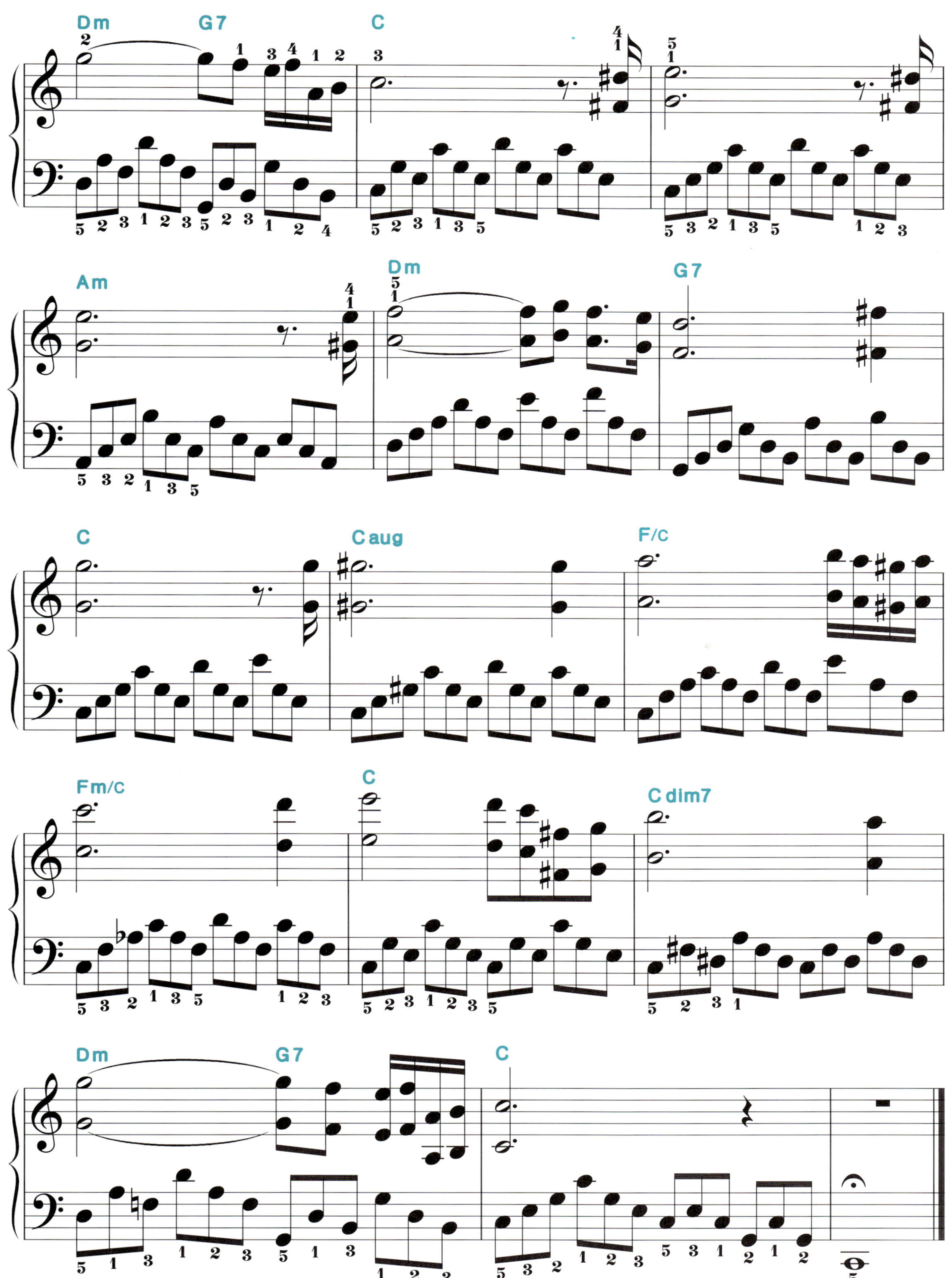
Dm
G7
C
Am
Dm
G7
C
Caug
F/C
Fm/C
C
Cdim7
Dm
G7
C
95

학교 가는 길

김광민 곡

사용코드
D7/A
G/B
Em/B
A7/C♯
Dsus4
Bm7

8va
G7
8va
G
D7/A
G
8va
C
G/B
Am7
D
Bm
Em/B
Am
D
8va
Bm7
Em
A
D
G
D7/A
G
8va
C
G/B
Am7
D
Bm
Em
Am
D

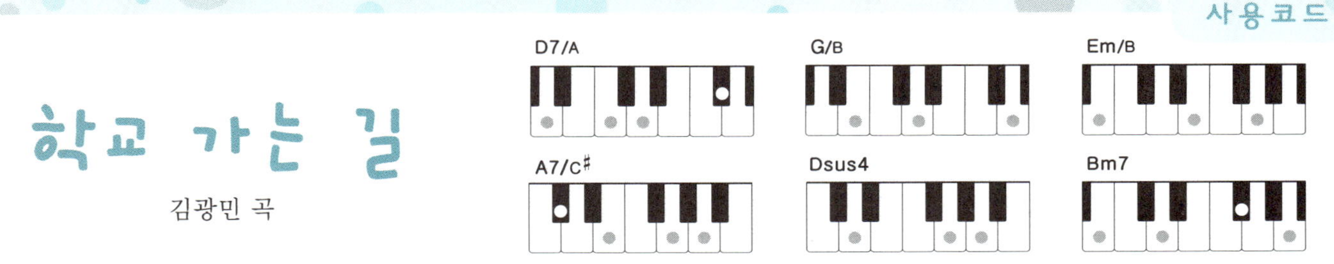

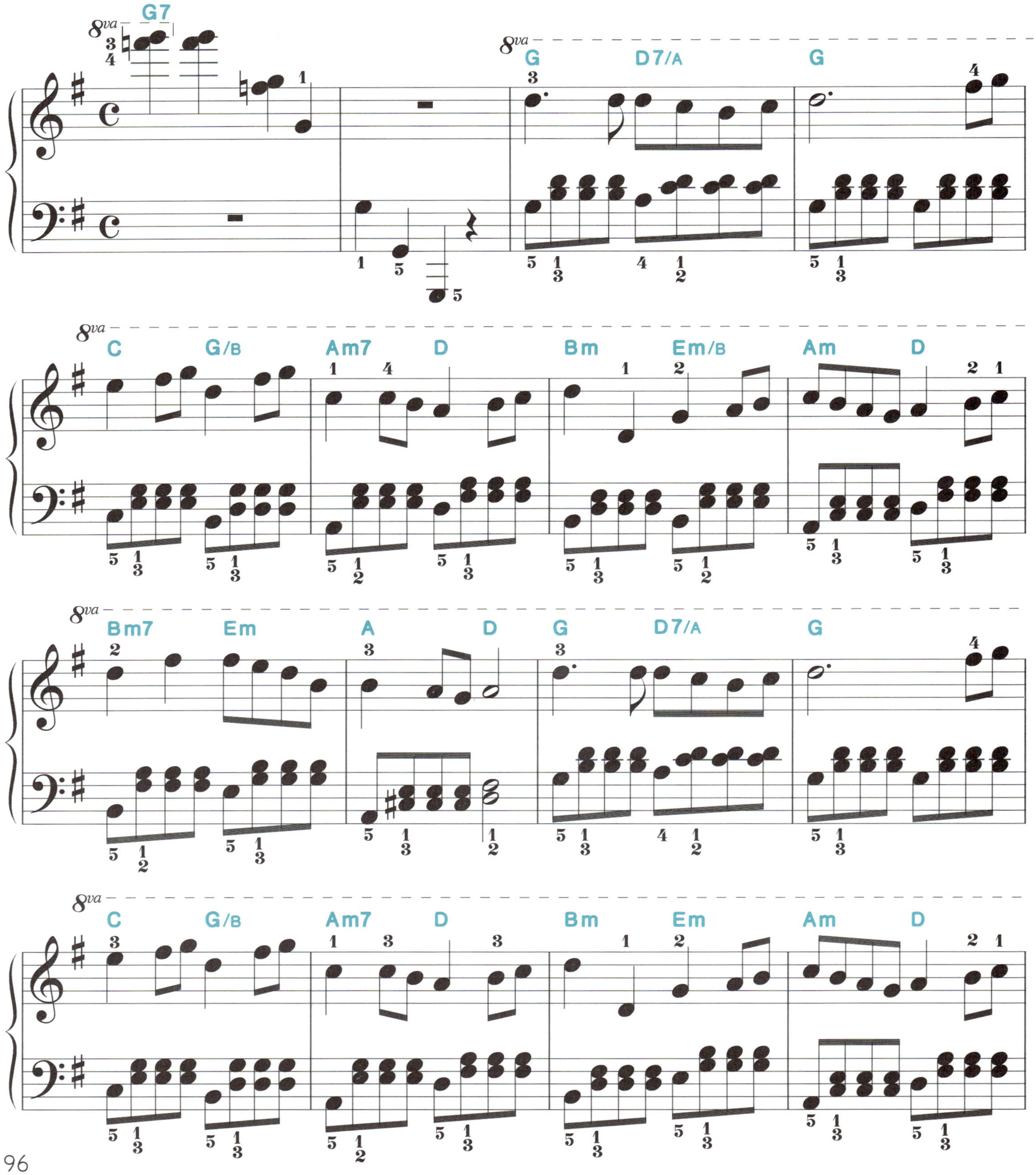

비비디 바비디 부

CF "생각대로 T"

Mark David, Al Hoffman, Jerry Livingston 곡

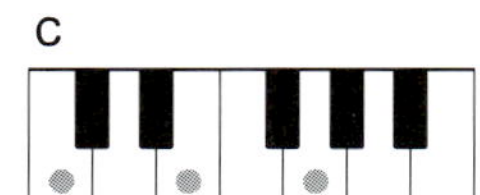

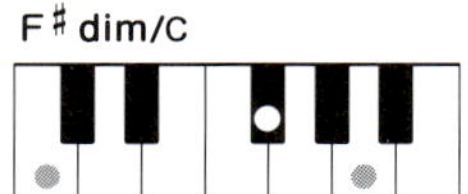

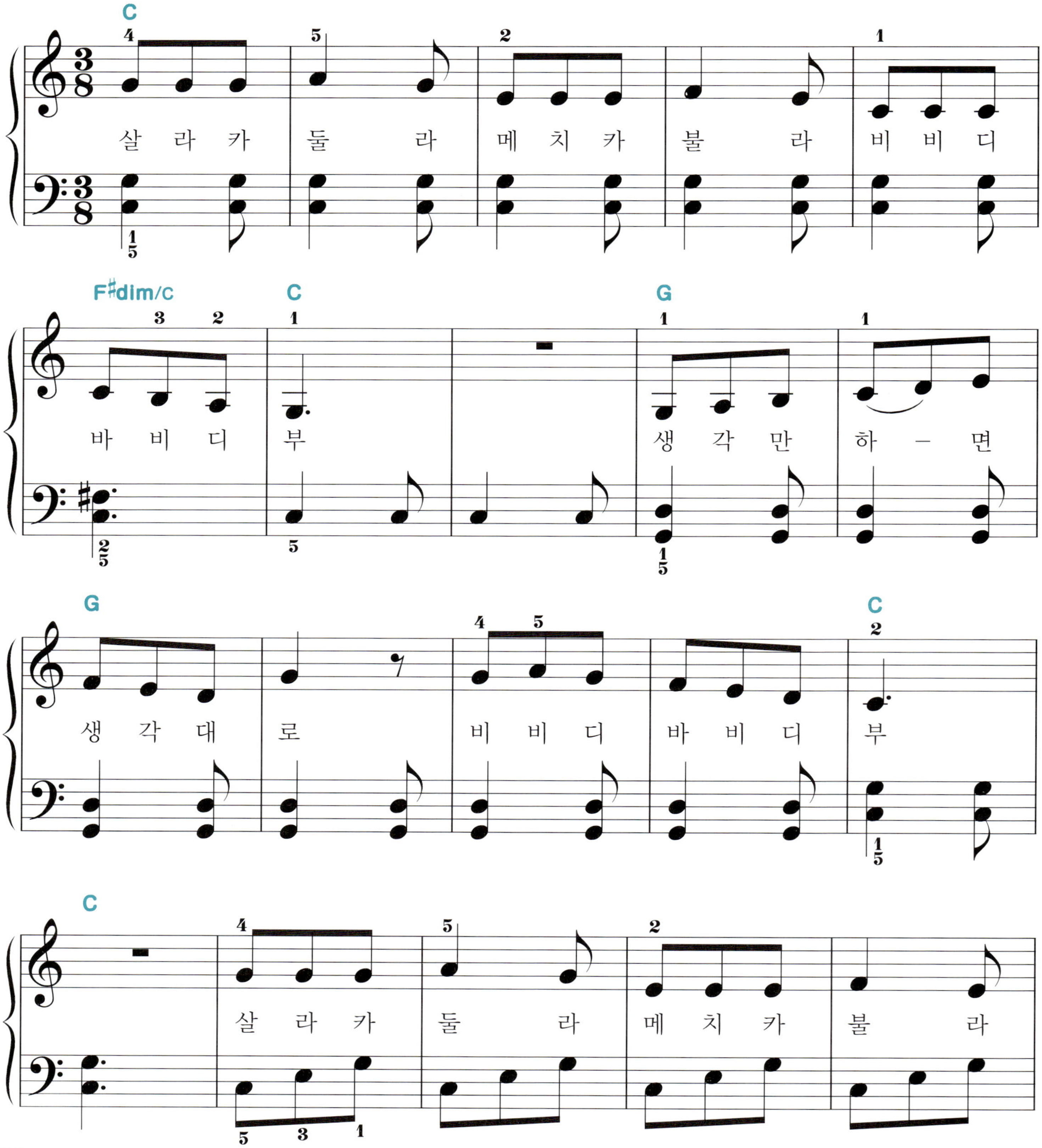

변형된 리듬으로도 반주해 보세요.

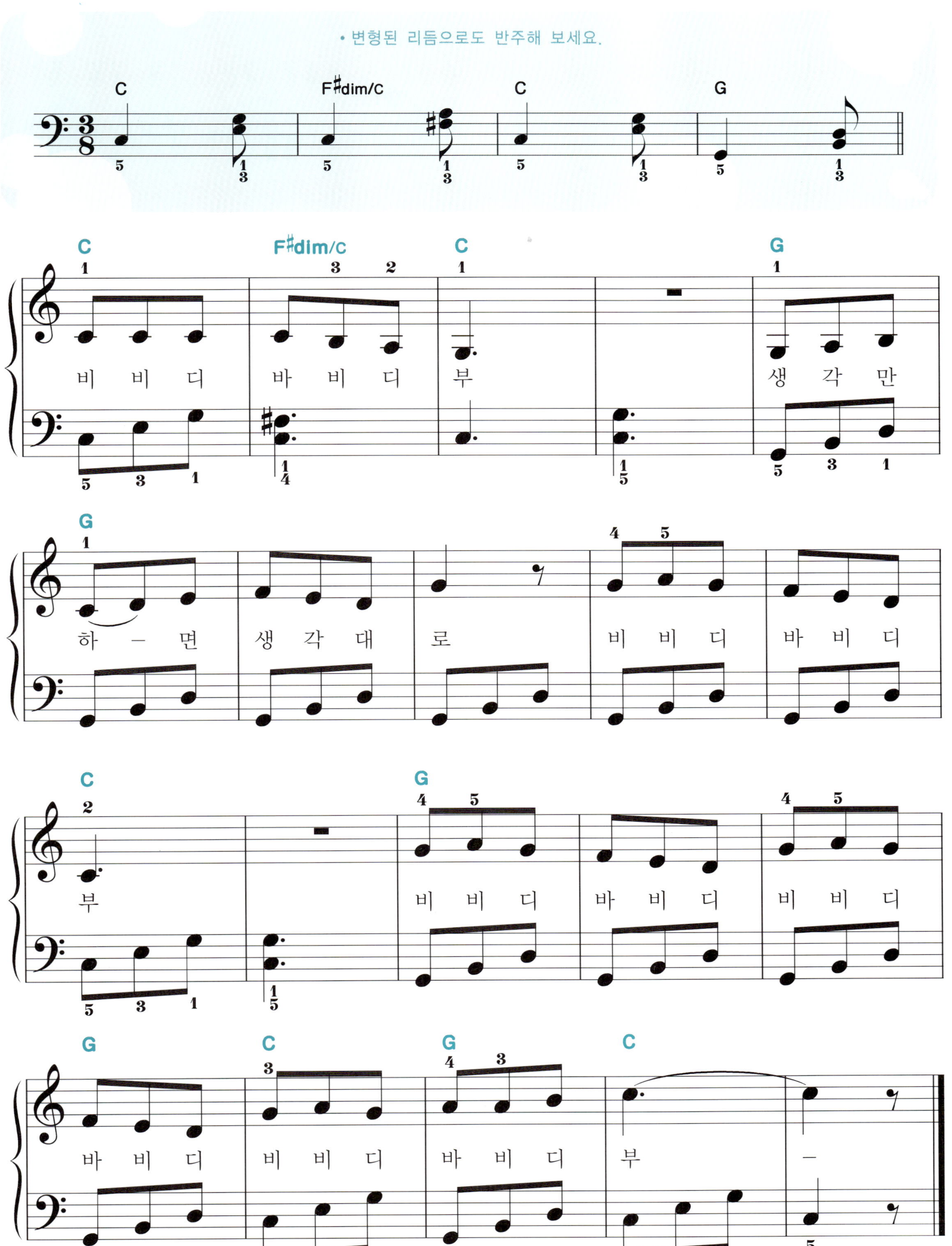
C
F#dim/C
C
G
C
F#dim/C
C
G
비 비 디
바 비 디
부
생 각 만
G
하 − 면
생 각 대 로
비 비 디
바 비 디
C
부
비 비 디
바 비 디
비 비 디
G
C
G
C
바 비 디
비 비 디
바 비 디 부
−

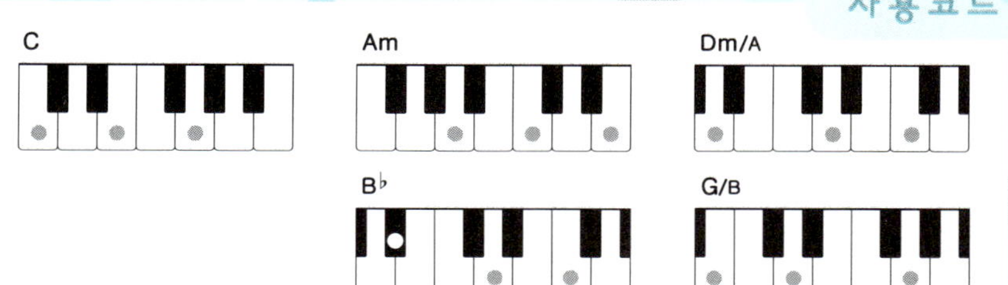

"Hitman" bang 사 | "Hitman" bang 곡 |
백지영 노래

• 아르페지오 리듬으로도 반주해 보세요.

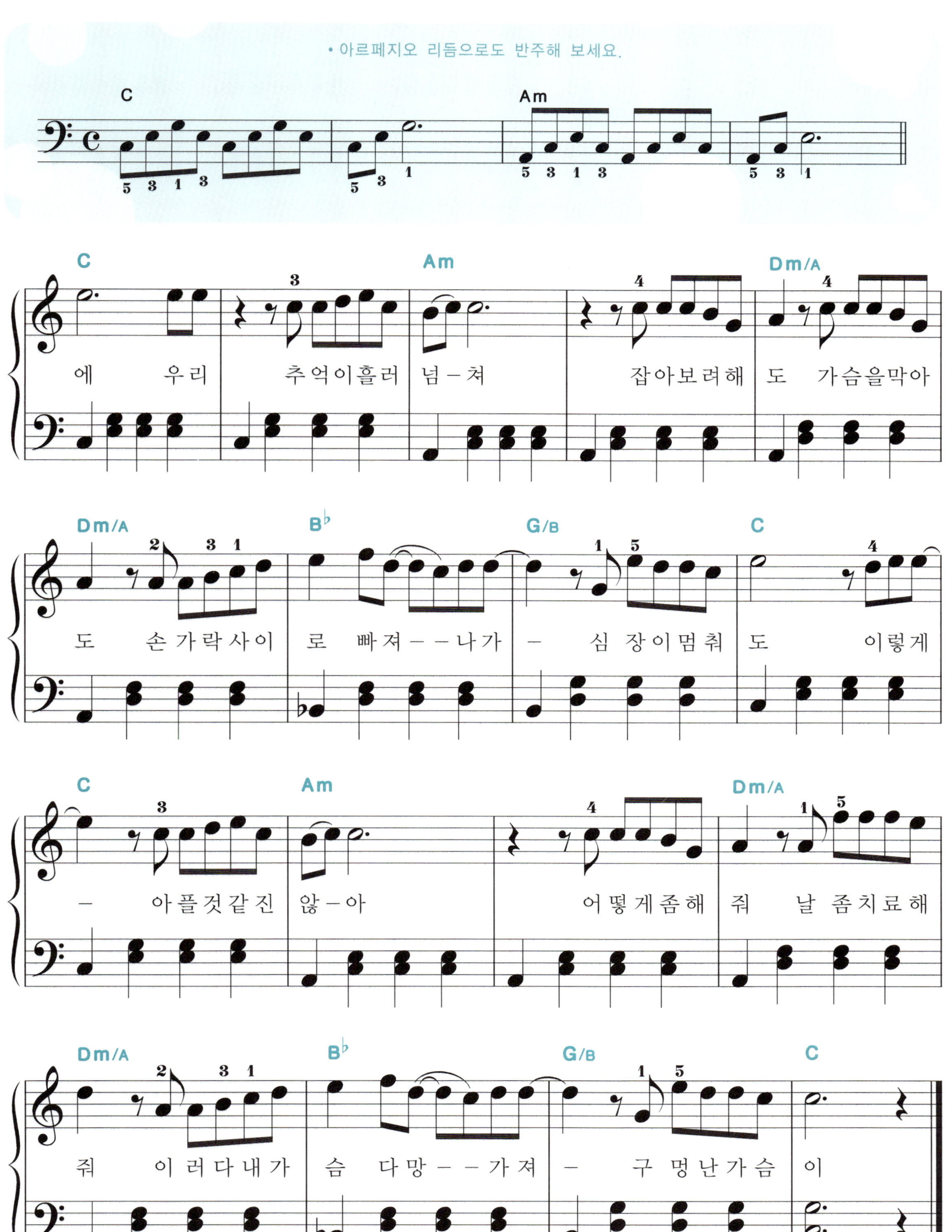
에 우리 추억이흘러 넘－쳐 잡아보려해 도 가슴을막아
도 손가락사이 로 빠져－－나가 － 심 장이멈춰 도 이렇게
－ 아플것같진 않－아 어떻게좀해 줘 날 좀치료해
줘 이러다내가 슴 다망－－가져 － 구멍난가슴 이

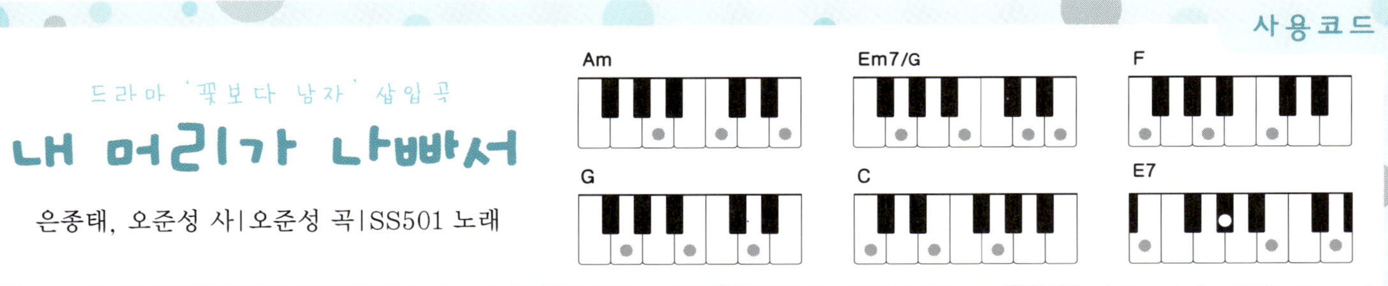

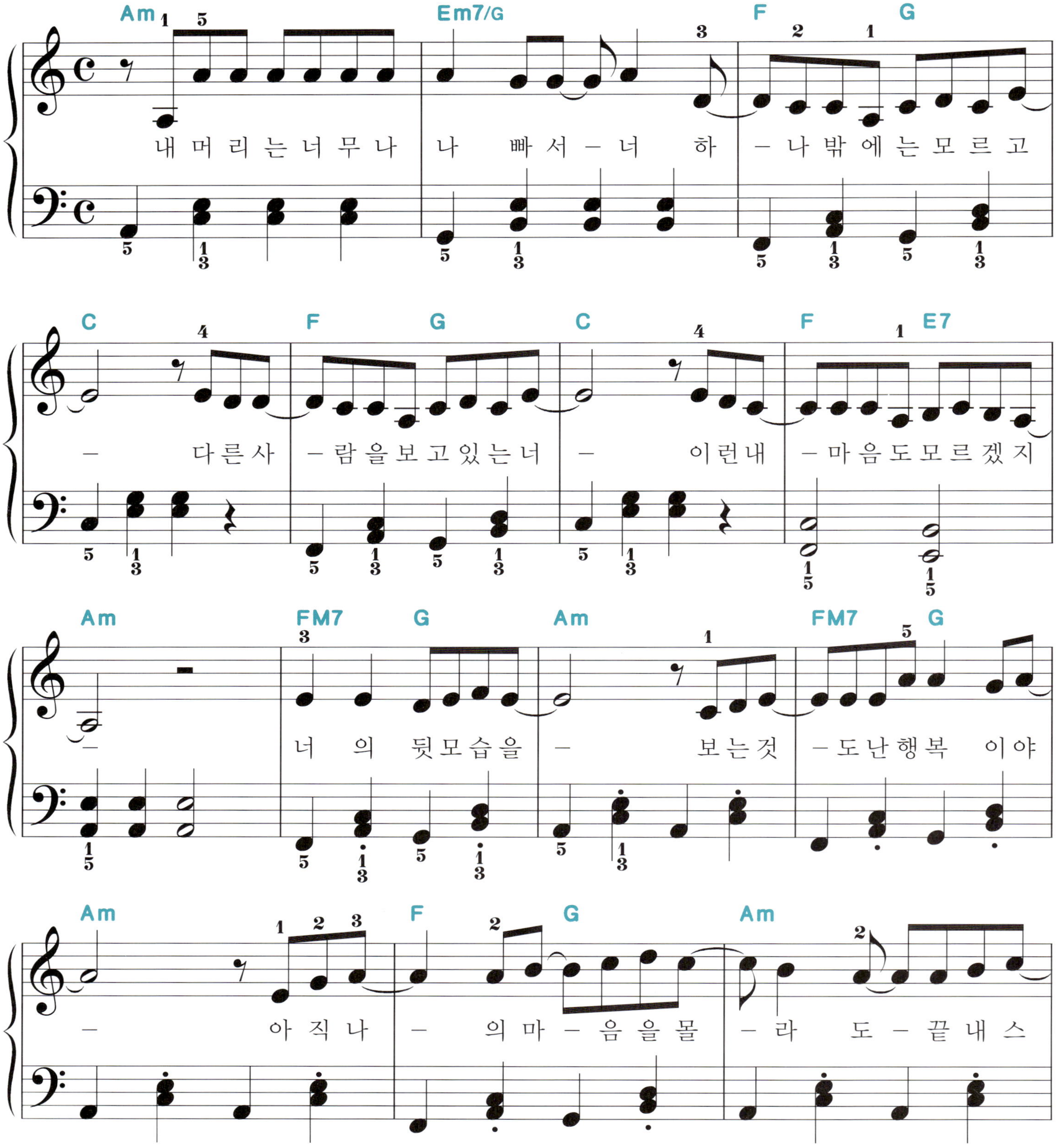

드라마 '꽃보다 남자' 삽입곡

내 머리가 나빠서

은종태, 오준성 사 | 오준성 곡 | SS501 노래

사용코드

Am
Em7/G
F
G
C
E7

Am Em7/G F G
내 머 리 는 너 무 나 나 빠 서 – 너 하 – 나 밖 에 는 모 르 고
C F G C F E7
– 다 른 사 – 람 을 보 고 있 는 너 – 이 런 내 – 마 음 도 모 르 겠 지
Am FM7 G Am FM7 G
– 너 의 뒷 모 습 을 – 보 는 것 – 도 난 행 복 이 야
Am F G Am
– 아 직 나 – 의 마 – 음 을 몰 – 라 도 – 끝 내 스

• 아르페지오 리듬으로도 반주해 보세요.

치 듯 이 가 도
니 가 너 무 보 고 싶 은 날 엔
너 무 견 디 기 힘 든 날 에 는
너 를 사 랑 한 다 입 가 에 맴
돌 아 혼 자 다 시 또 cry-ing for you
혼 자 다
시 또 miss-ing for you
ba-by I love you I'm wait-ing for you

InSomnia (불면증)

휘성 사 | Craig David 곡 | 휘성 노래

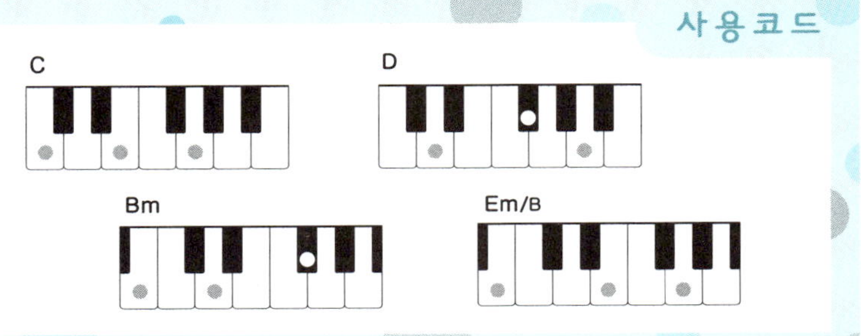

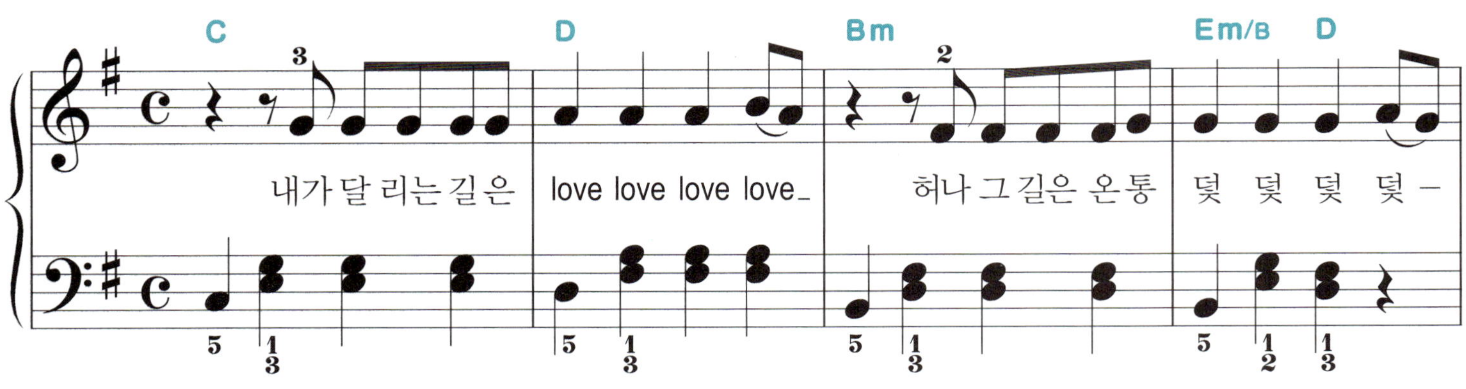

• 칼립소 리듬으로도 반주해 보세요.

같 은 격 정을   베 고서 오지 않 는잠을청하고   —   꿈보
다 더 생 생한   네 생각 때문 에 끝내밤을새워   —   feels like in-som-
- ni-a ah ah   oh   feels like in-som   - ni-a ah ah   oh   feels like in-som-
- ni-a ah ah   oh   feels like in-som   - ni-a ah ah   ah ah ah __

슈퍼맨

Dk, 이영준 사 | DK 곡 | 노라조 노래

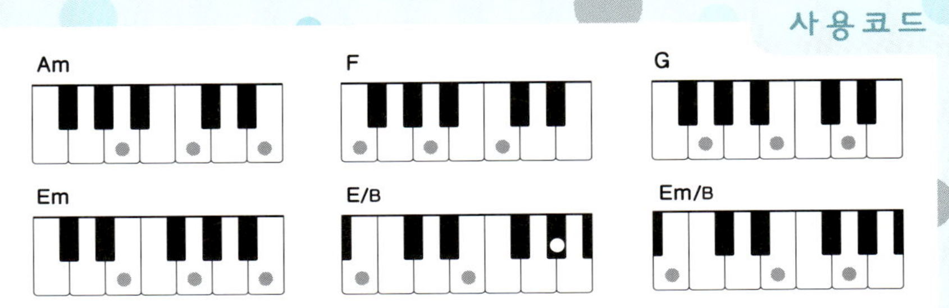

• 칼립소 리듬으로도 반주해 보세요.

머 리 근육빵빵 난 슈퍼맨 ha 지 구 인의친구 난 슈퍼맨 ha
멋지구나잘생겼다 대인배의카리스마 사 이 즈 가 장난아니지 어쨌
거 나 근육빵빵 난 슈퍼맨 ha 지 구 인의친구 난 슈퍼맨 ha
유사품에주의해요 오각형에에스자야 위 아래 로 스판백프로

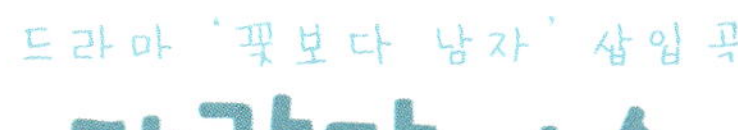

드라마 '꽃보다 남자' 삽입곡
파라다이스
은종태, 오준성 사 | 오준성 곡 | T-MAX 노래

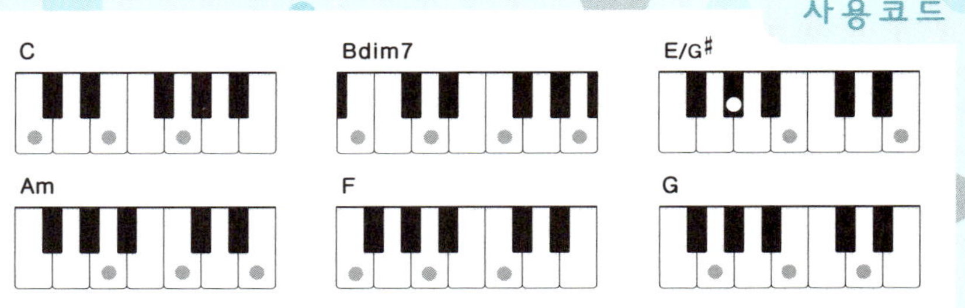

C
Bdim7
E/G#
Am
F
G

C
Bdim7
E/G#
Al-most pa - ra - dise
pa - ra - dise
아침보 다 더 눈 부신
태양보 다 더 따 스한
날향한 너
날보는 너
Am
Am/G
F G C
의 사랑 이
의 눈빛 은
온세 상 다 가 진 듯 해
온세 상 다 가 진 듯 해
in my __ life
in my __ life
C
Bdim7
E/G#
Am
내지친 삶 의 꿈 처럼
내지친 삶 의 빛 처럼
다 가 와 준 니모 습을 - 언
다 가 와 준 니사 랑을 - 언
Am/G
F G Am
Am
제까 지나 사랑 할 수 있 다 - 면 - -
제까 지나 간직 할 수 있 다 -
너의손을잡고 서
늘을걸어약속 해

Am
1. E/G#
세상을향해힘껏
영원히오직너만
소 - 리 - 쳐
하 을 사 랑 해 -
2. E/G#
밤
Am
하늘별빛같은우리
와함께한다면어디
- 둘만의아름다운
- 든갈수있어 to the
E/G#
꿈 pa-ra-dise
my pa-ra-dise
1.
너
2. E/G#
너 힘 들 었 던
C
시 간 과 그
아 픔 모 두
G/B
다 잊 어 봐
G/B
-
이 제 부 터
Am
시 작 이 야
Am/G
너 와 함
F
께 떠
G7
- 나 보 는 거 야 달
G7
- 려 가 는 거 야 lo - ving you for-e-ver
G
Al-most
1. 2.
F
면 - -
C
D.S.

Honey

송수윤, 김승수, 한재호 사 | 김승수, 한재호 곡
카라 노래

사용코드

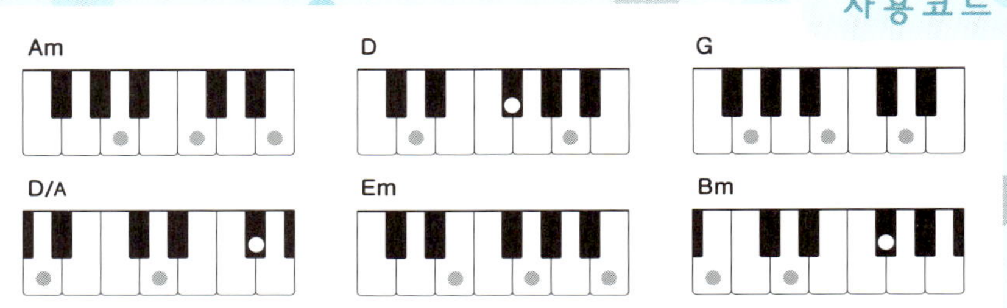

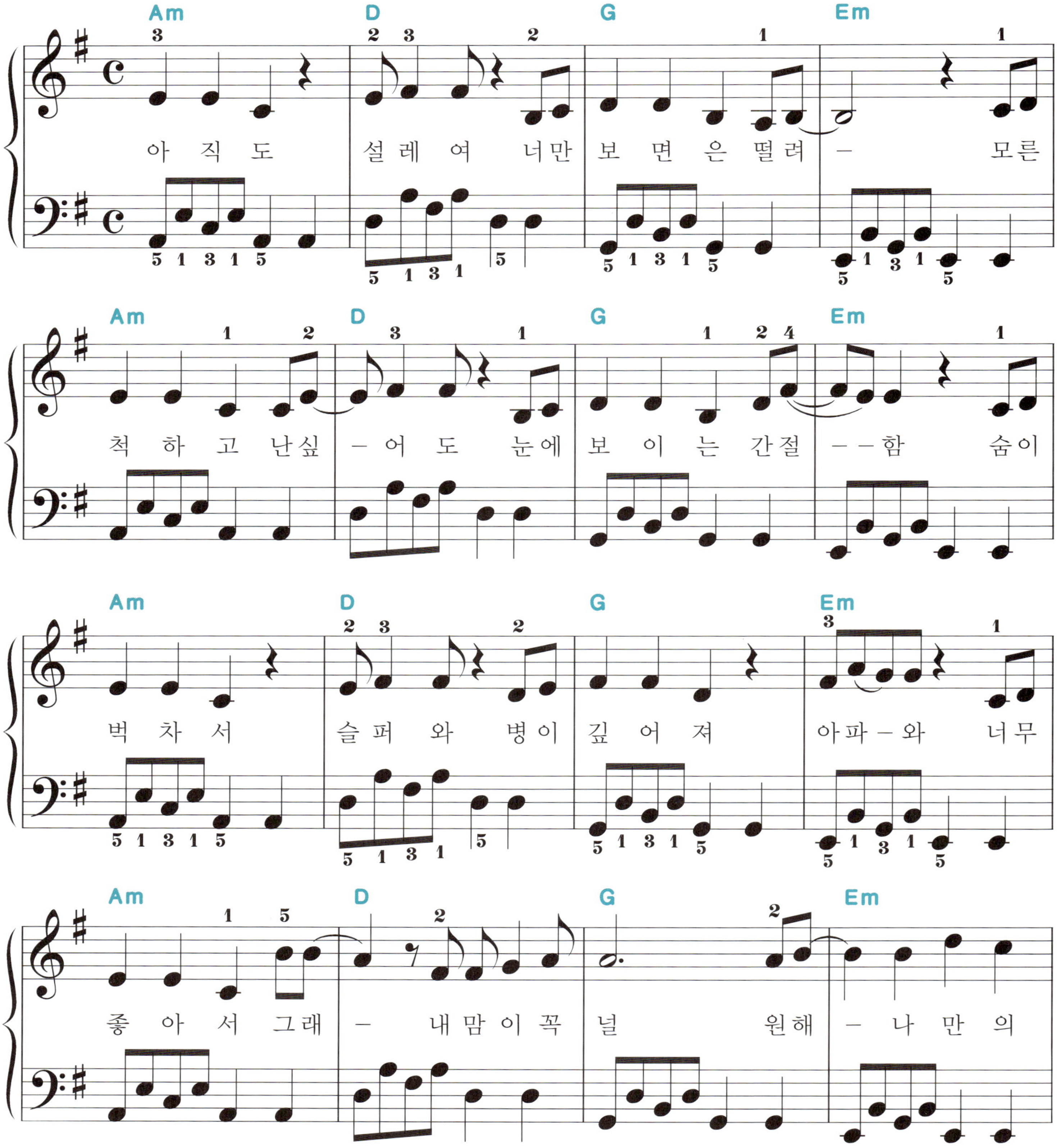

• 칼립소 리듬으로도 반주해 보세요.

허 니 허 니 허 니 돌아서야 하 니 하 니 하 니 언제나난
너 하 나 만 을 원 하 고 있 는 데 oh ba - by
허 니 허 니 허 니 나의맘의 허 니 허 니 허 니 간절하게
너 하 나 만 을 바 라 고 있 잖 아

강은경 사ㅣ박근태 곡ㅣ다비치 노래

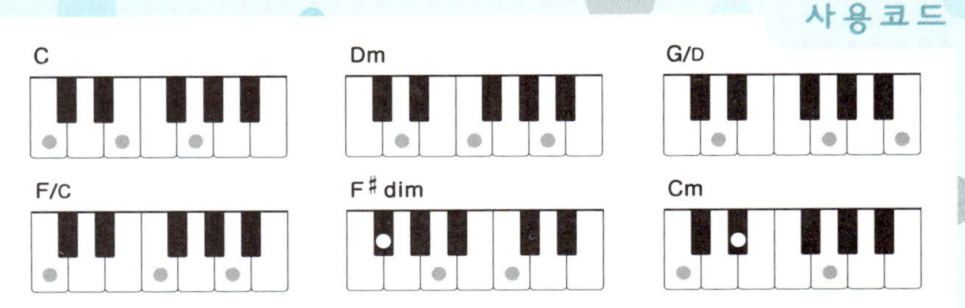

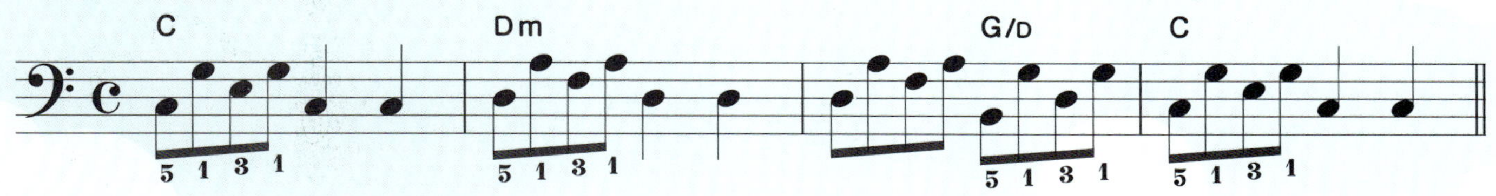

• 아르페지오 리듬으로도 반주해 보세요.

C
Dm
G/D
C
5 1 3 1
5 1 3 1
5 1 3 1
5 1 3 1

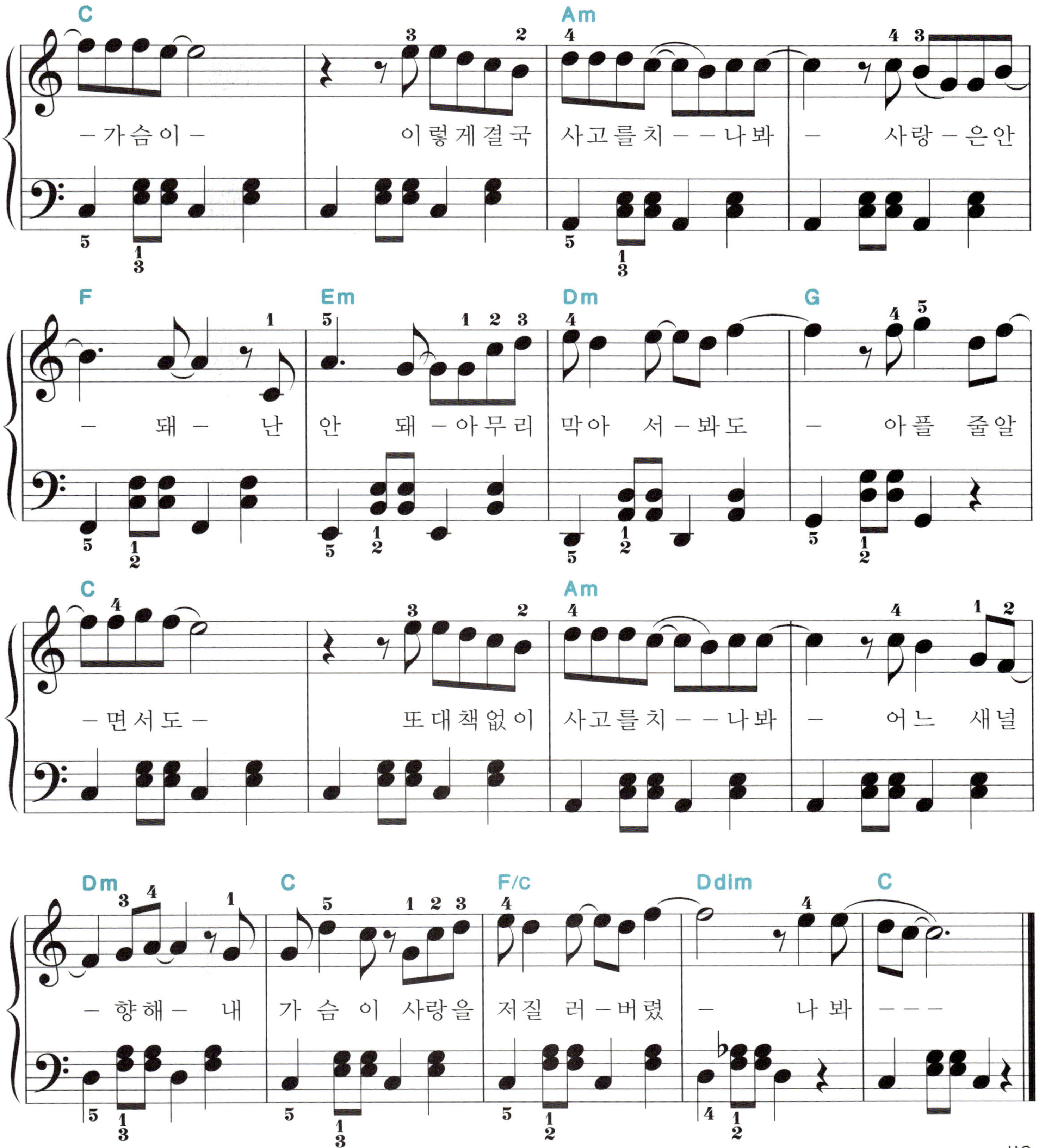
C
Am
– 가 슴 이 –
이 렇 게 결 국
사 고 를 치 – – 나 봐
– 사 랑 – 은 안
F
Em
Dm
G
– 돼 – 난
안 돼 – 아 무 리
막 아 서 – 봐 도
– 아 플 줄 알
C
Am
– 면 서 도 –
또 대 책 없 이
사 고 를 치 – – 나 봐
– 어 느 새 널
Dm
C
F/C
Ddim
C
– 향 해 – 내
가 슴 이 사 랑 을
저 질 러 – 버 렸
– 나 봐
– – –

사용코드

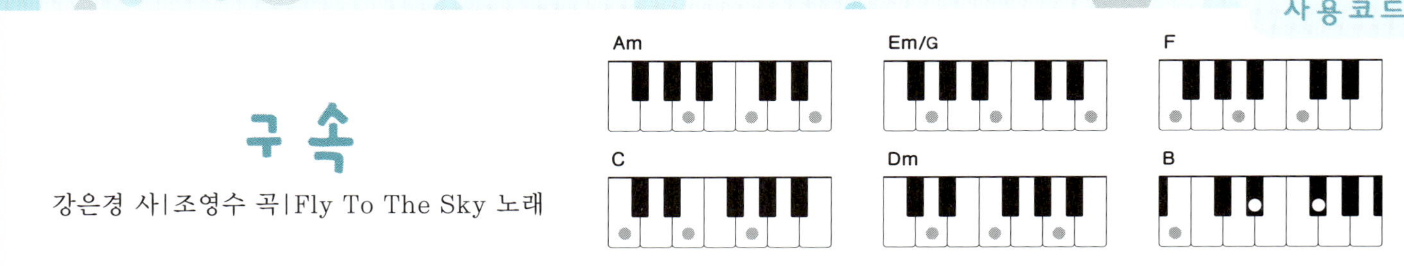

구속

강은경 사 | 조영수 곡 | Fly To The Sky 노래

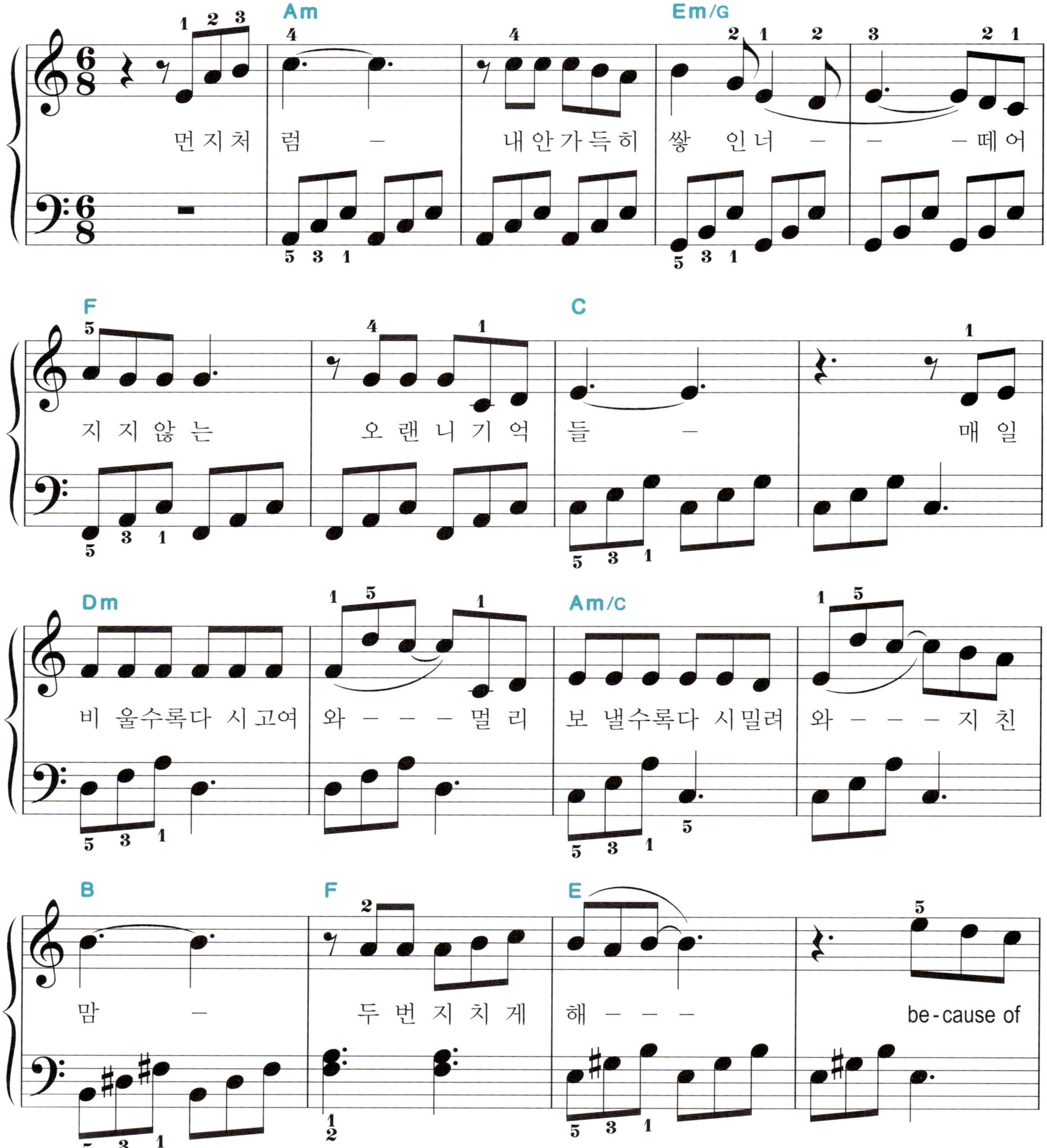

변형된 리듬으로도 반주해 보세요.

you be-cause of love 슬픔에 갇혀－버린 난－－달아나
도 달아나 도 그자린 걸 － 다신널
찾 지－못하 게－ 기억 저편먼곳으 로－－떠나
버 －려가 버 －려 제발－ －

비와 당신

방준석 사 | 방준석 곡 | 럼블피쉬 노래

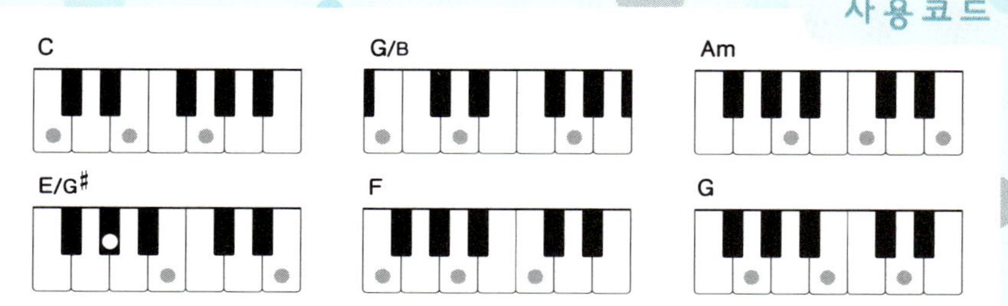

• 변형된 아르페지오 리듬으로도 반주해 보세요.

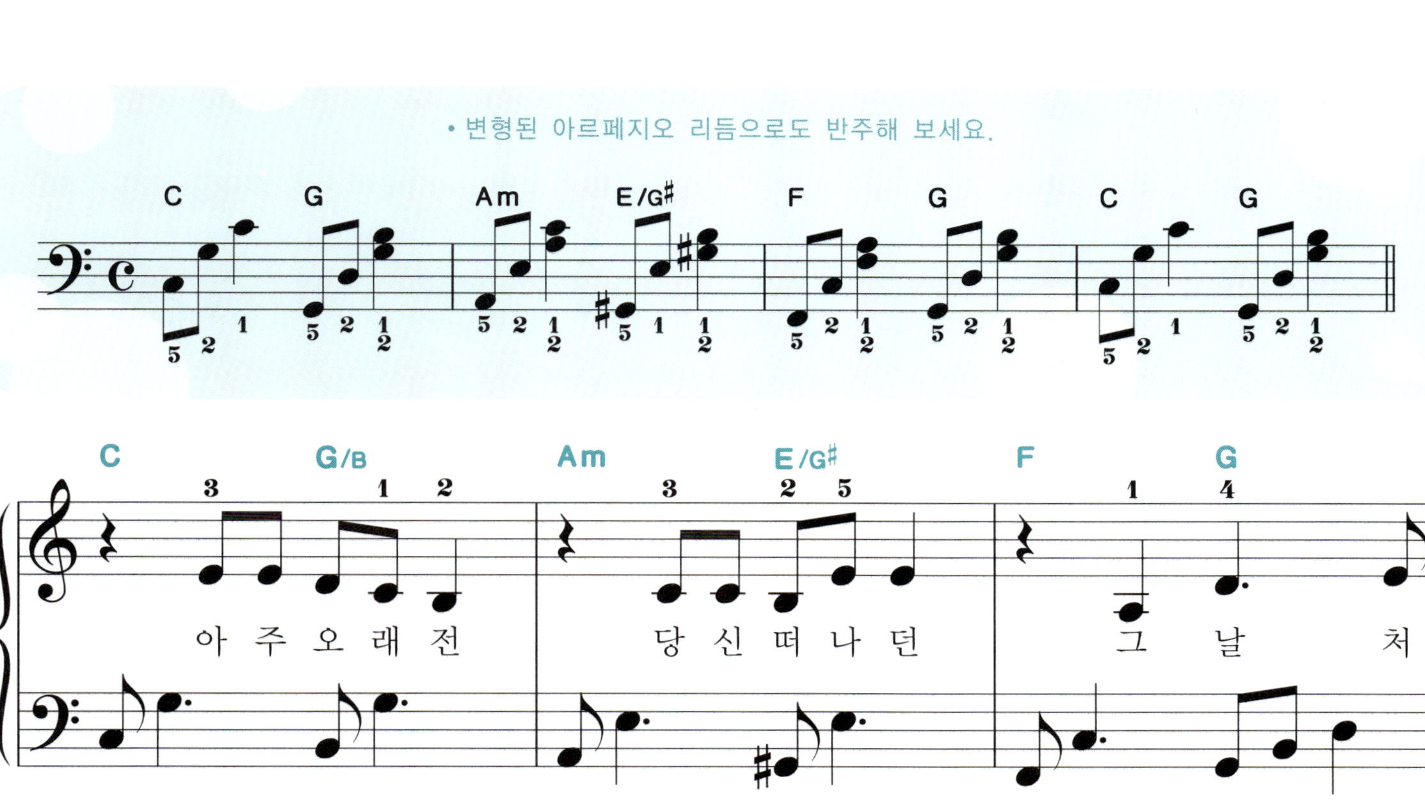
C   G   Am   E/G#   F   G   C   G

C   G/B   Am   E/G#   F   G
아주오래전   당신떠나던   그 날 처
C   C   G/B   Am   E/G#
럼   이 젠   괜찮은데 —

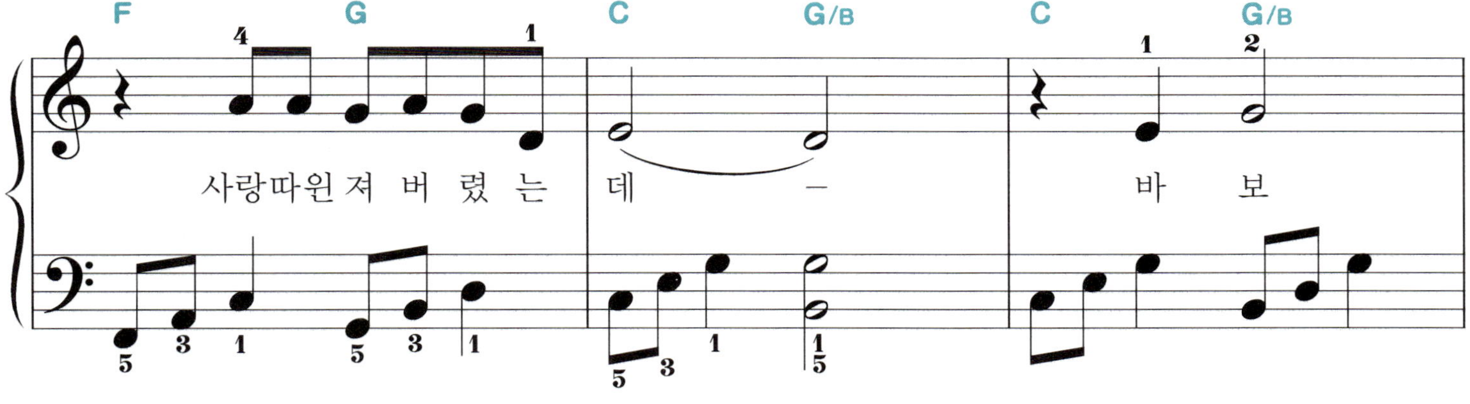
F   G   C   G/B   C   G/B
사랑따윈져버렸는   데 —   바 보

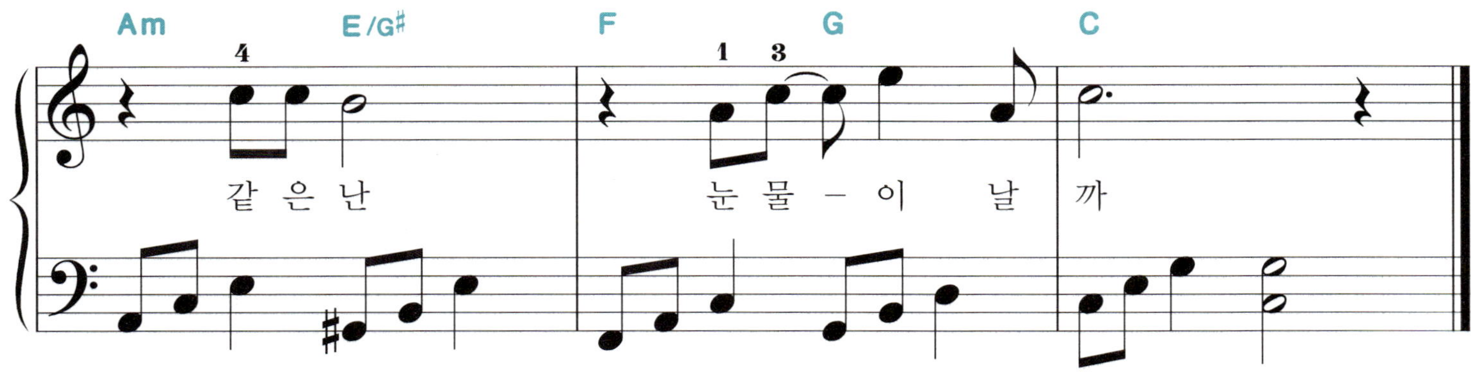
Am   E/G#   F   G   C
같은난   눈물 — 이 날 까

Gee

E-Tribe 사 | E-Tribe 곡 | 소녀시대 노래

사용코드

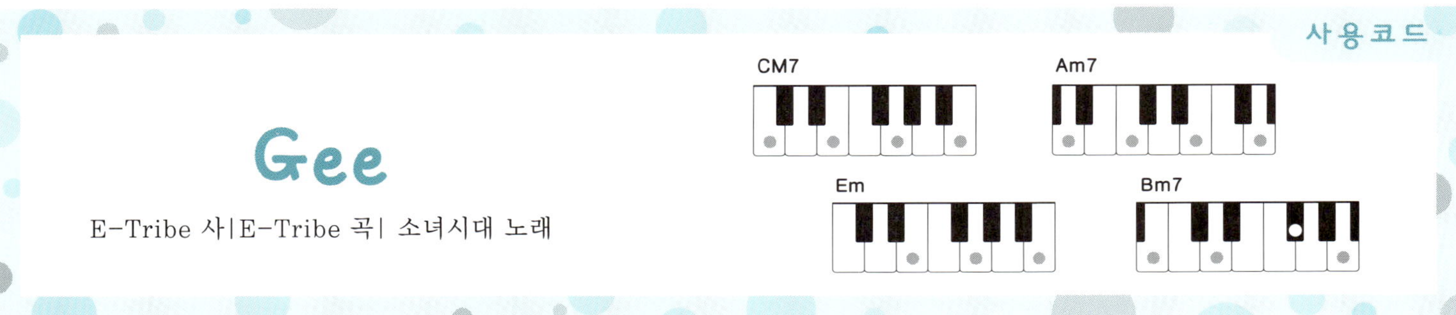

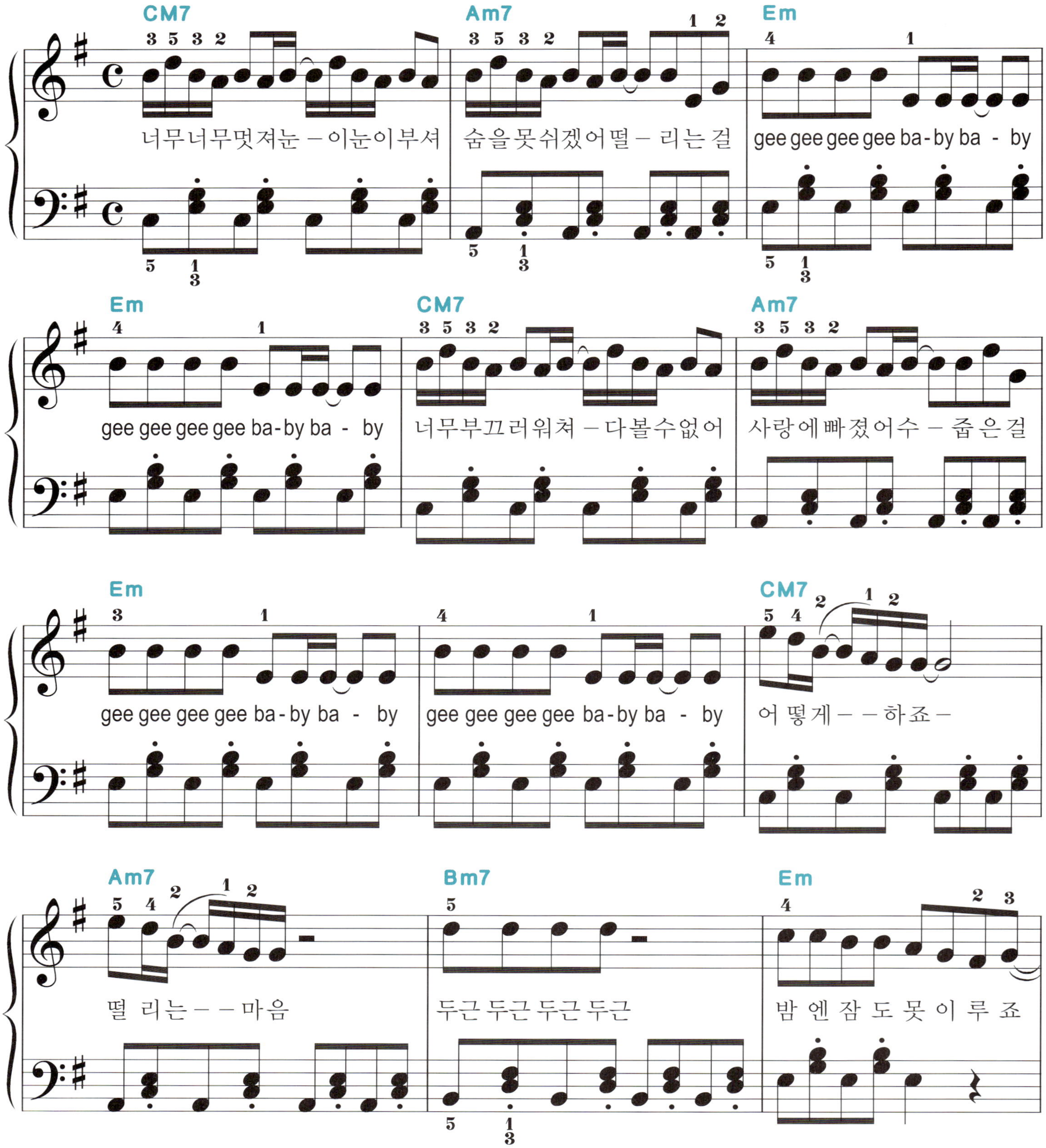

변형된 리듬으로도 반주해 보세요.

나는 나는 바본 가 봐 요 그대 그대 밖에 모 르 는 바 보 그래요
그 댈 보는 - 난 너 무 반 짝 반 짝 눈 - 이 부 셔 no no no no no 너 무
깜 짝 깜 짝 놀 - 란 나 는 oh oh oh oh oh 너 무 짜 릿 짜 릿 몸 - 이 떨 려
gee gee gee gee gee 오 젖 은 눈 빛 - 오 예 오 좋 은 향 기 - 오 오 예 예

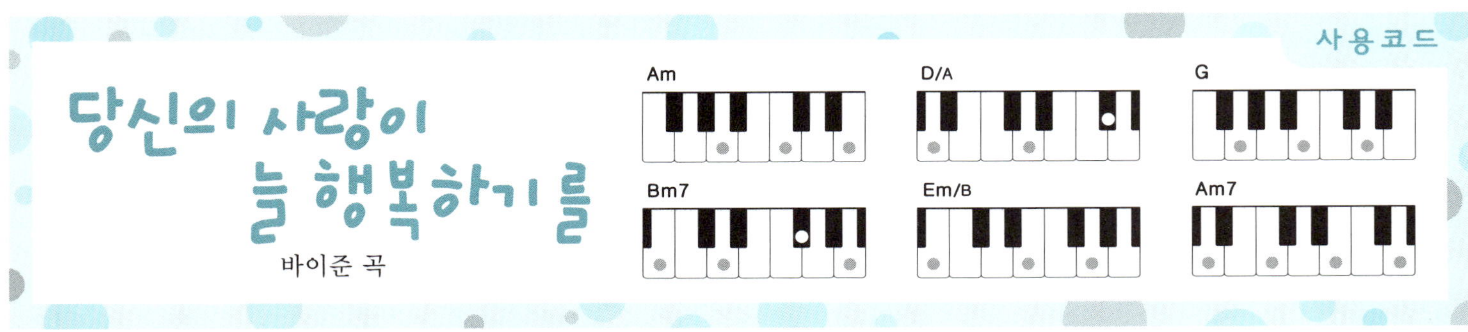
당신의 사랑이
늘 행복하기를
바이준 곡
사용코드
Am
D/A
G
Bm7
Em/B
Am7

C
G/B
Am
D/A
G
C
G/B
Am7
D 7/A

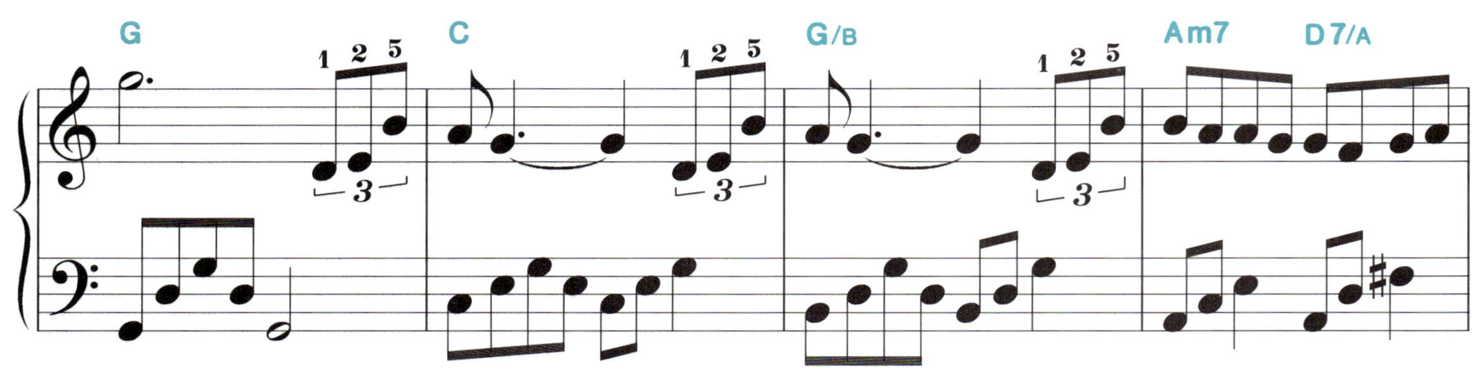
G
C
G/B
Am7
D 7/A

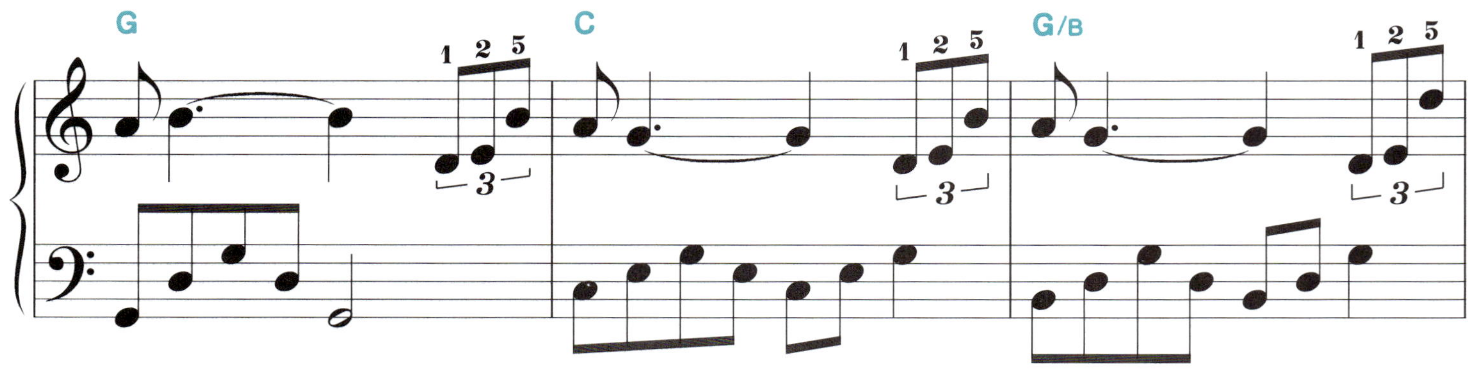
G
C
G/B

변형된 아르페지오 리듬으로도 반주해 보세요.

C
G/B
Am
D/A
G
Am7
D7/A
G
C
G/B
Am7
D/A
Bm7
Em/B
Am7
D/A
C/G
G/B
Am7
D/A
G
C
G/B
Am7
D7
G

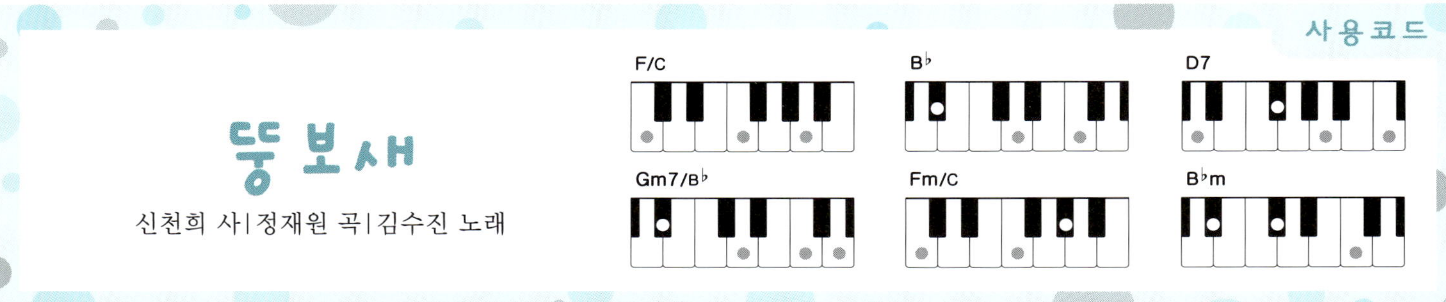

뚱보새

신천희 사 | 정재원 곡 | 김수진 노래

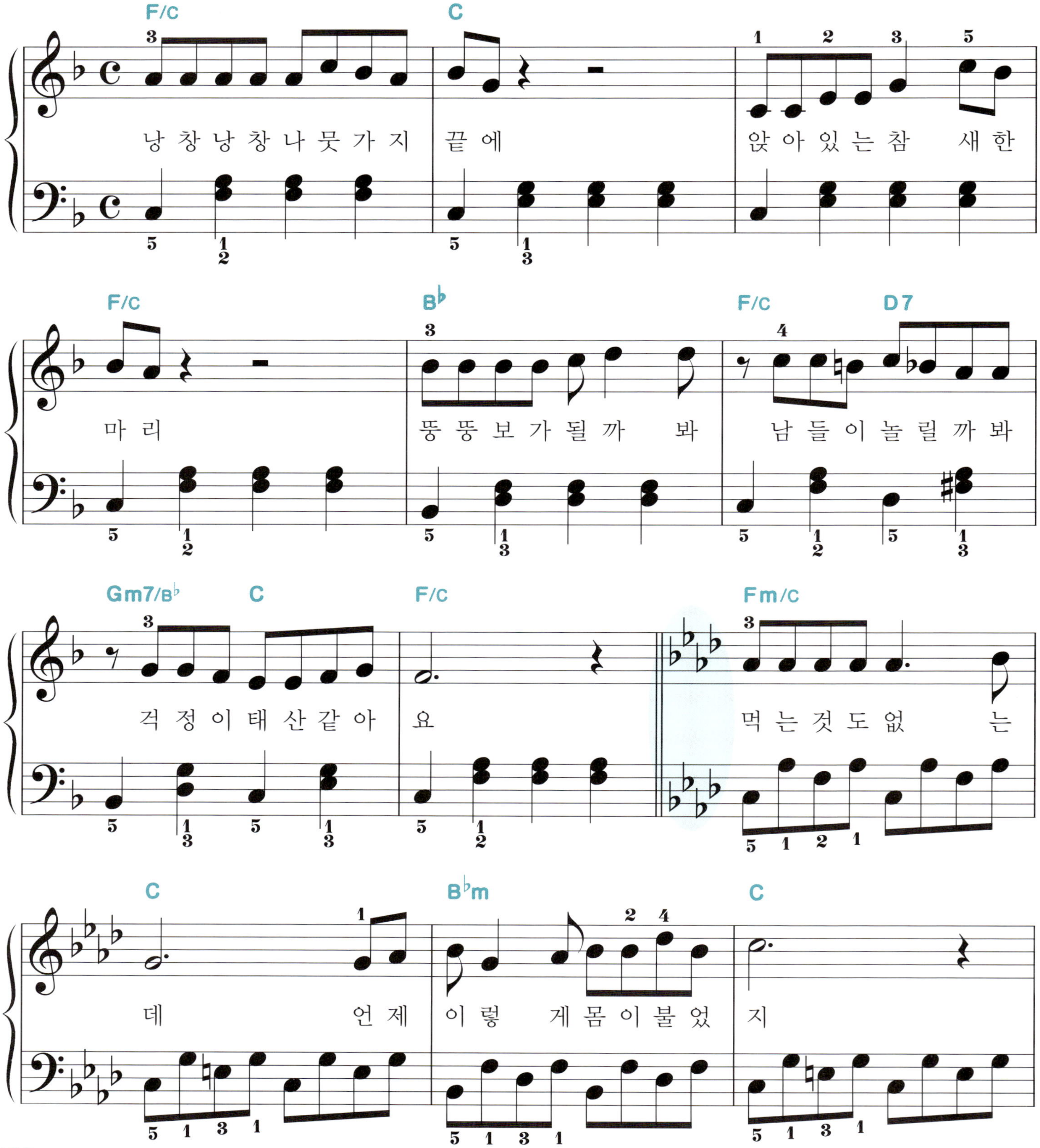

• 비긴 리듬으로도 반주해 보세요.

F/C
C
F/C

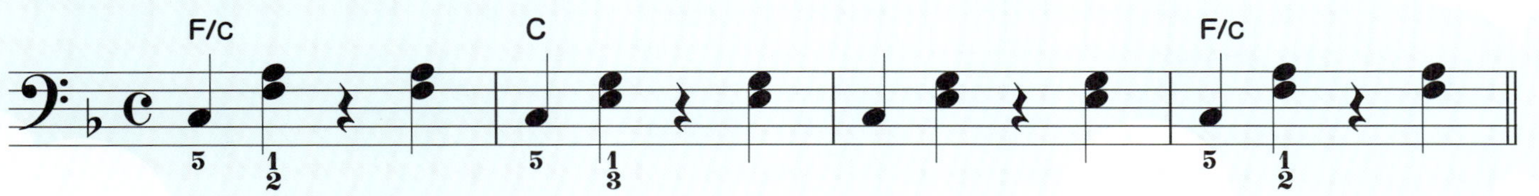

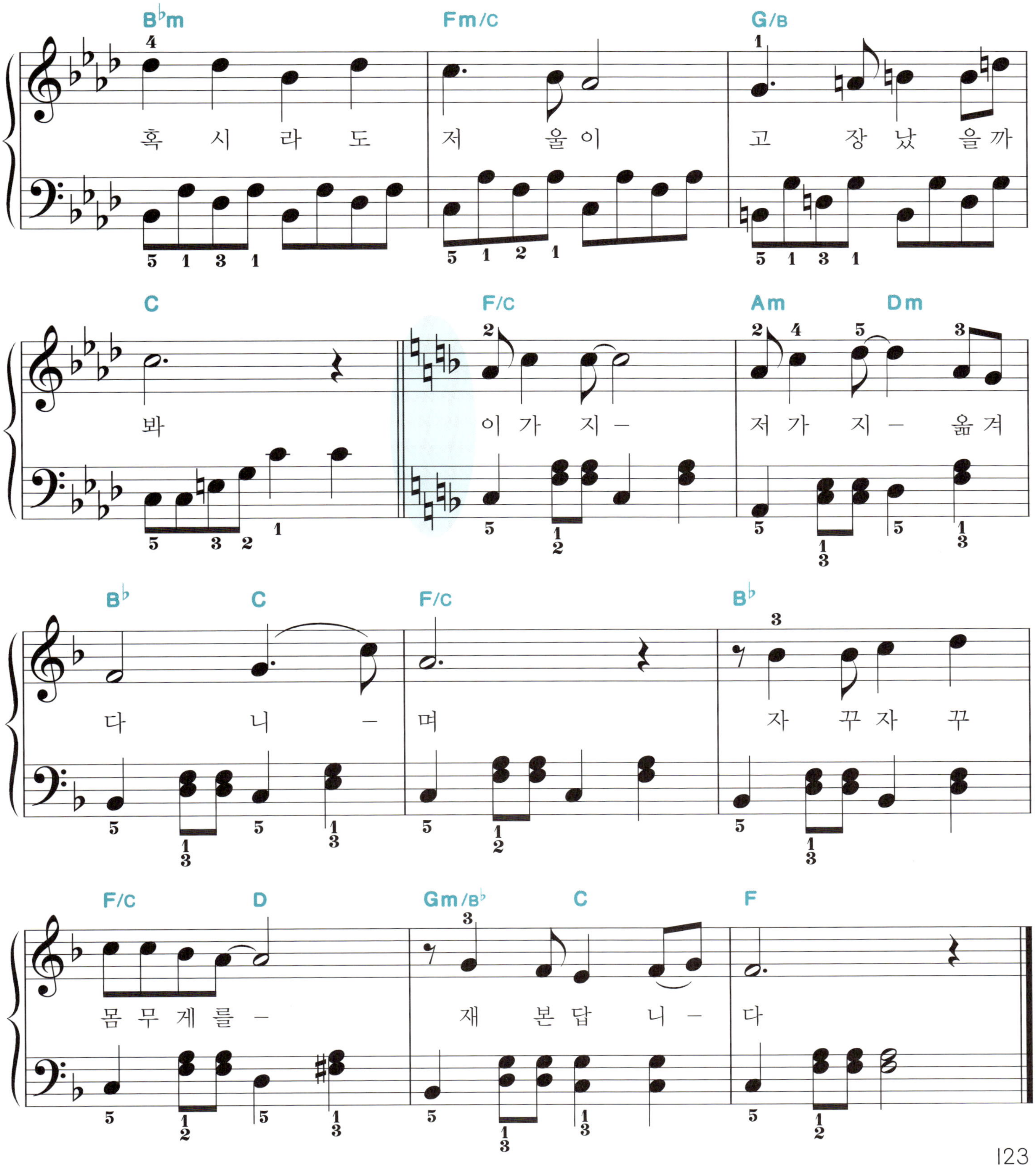
B♭m
Fm/C
G/B
혹 시 라 도 저 울 이 고 장 났 을 까
C
F/C
Am
Dm
봐 이 가 지 — 저 가 지 — 옮 겨
B♭
C
F/C
B♭
다 니 — 며 자 꾸 자 꾸
F/C
D
Gm/B♭
C
F
몸 무 게 를 — 재 본 답 니 — 다

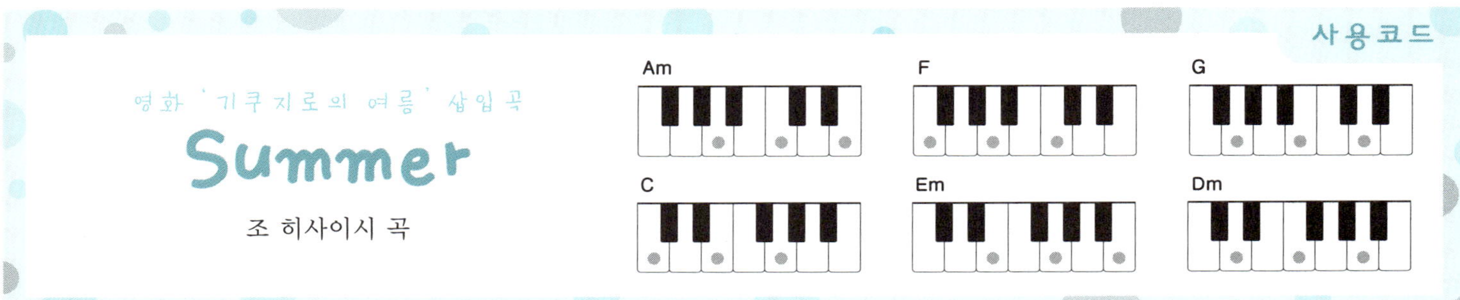

사용코드
영화 '기구자로의 여름' 삽입곡
Summer
조 히사이시 곡
Am
F
G
C
Em
Dm

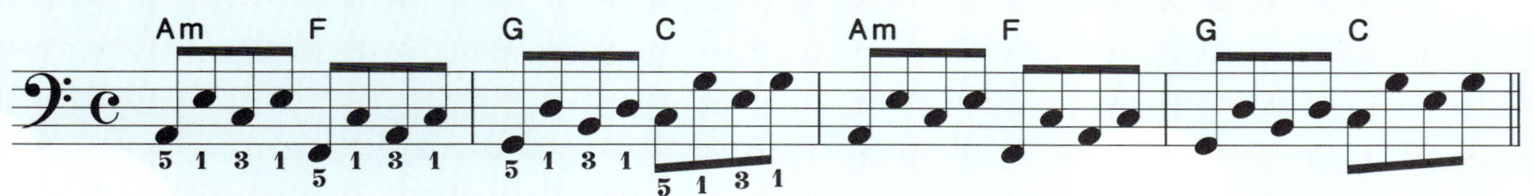
• 변형된 아르페지오 리듬으로도 반주해 보세요.

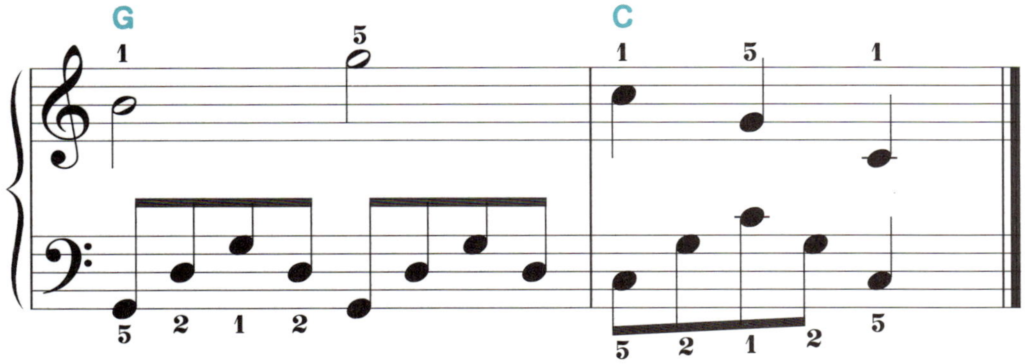

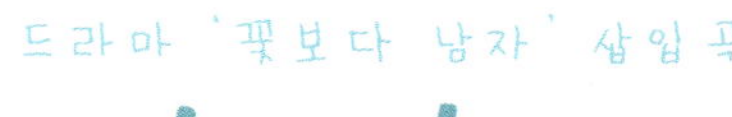

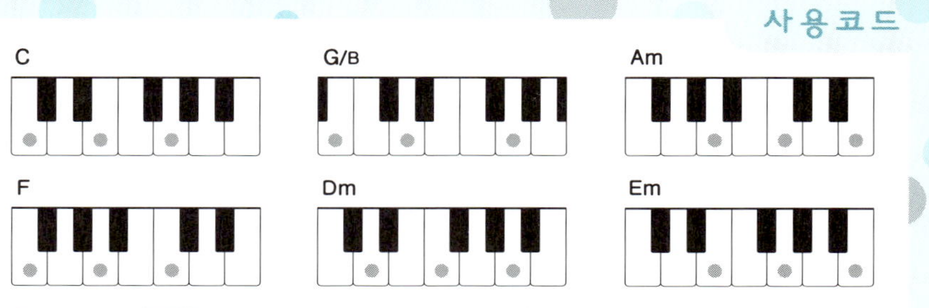

드라마 '꽃보다 남자' 삽입곡

Lucky

은종태, 오준성 사|오준성 곡|Ashily 노래

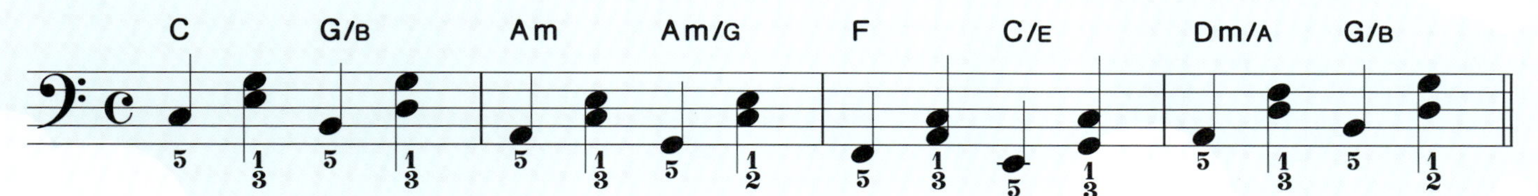

• 4비트 리듬으로도 반주해 보세요.

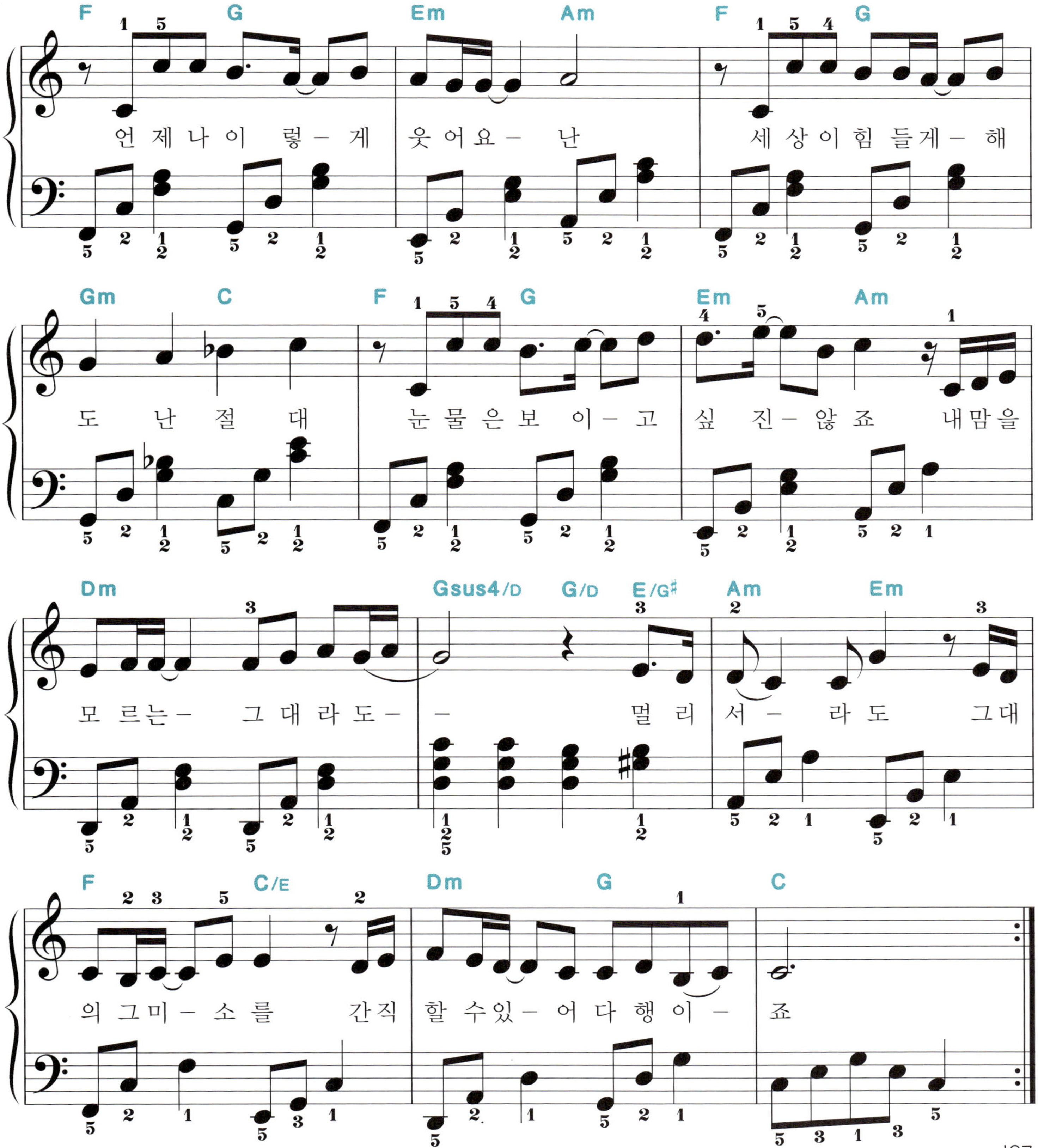

C G/B Am Am/G F C/E Dm/A G/B

F G Em Am F G
언제나 이 렇– 게 웃어요– 난 세상이 힘 들게– 해
Gm C F G Em Am
도 난 절 대 눈물은보 이– 고 싶 진– 않 죠 내맘을
Dm Gsus4/D G/D E/G♯ Am Em
모 르는– 그 대 라 도– – 멀 리 서 – 라 도 그대
F C/E Dm G C
의 그미 – 소 를 간직 할 수있– 어 다 행 이 – 죠

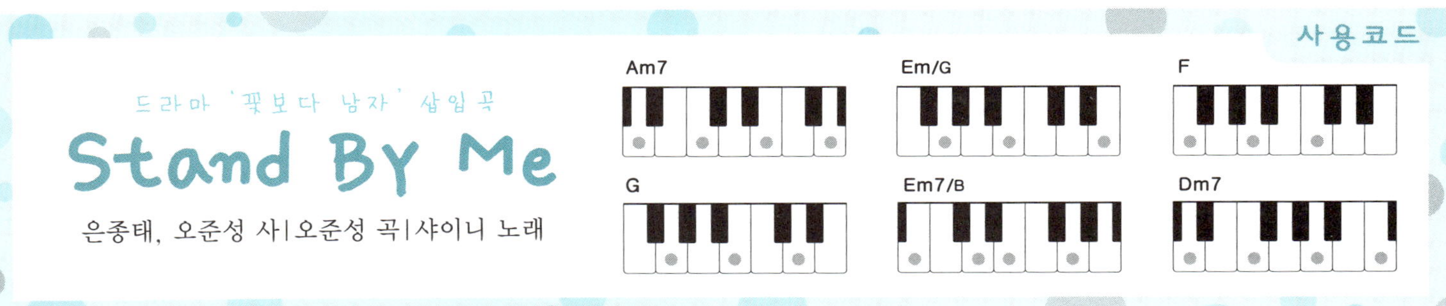
사용코드
Am7
Em/G
F
G
Em7/B
Dm7
드라마 '꽃보다 남자' 삽입곡
Stand By Me
은종태, 오준성 사 | 오준성 곡 | 샤이니 노래

Am7
Em/G
F
G
C
너를 볼 수록—기분이 좋아 져 — 나도 몰래노래—를불러 — 한

F/C
G/B
Em7/B
Am
Dm7
G/D
송 이 장 미 — 를 사 고 — 싶 어 진 — 이런 내모습신 — 기한데 — 내

F/C
G/D
Em7
Am/E
Dm7
G/D
C
마음이너 — 에게 닿는듯해 — 이 세상이아 — 름다워 — 이런

F/C
G/D
Em
Am/E
Dm7
G/D
설 레임을— 너도 느낀다면— 부디 조금만기 — 다려줘 — to-ge-ther

128

아르페지오 리듬으로도 반주해 보세요.

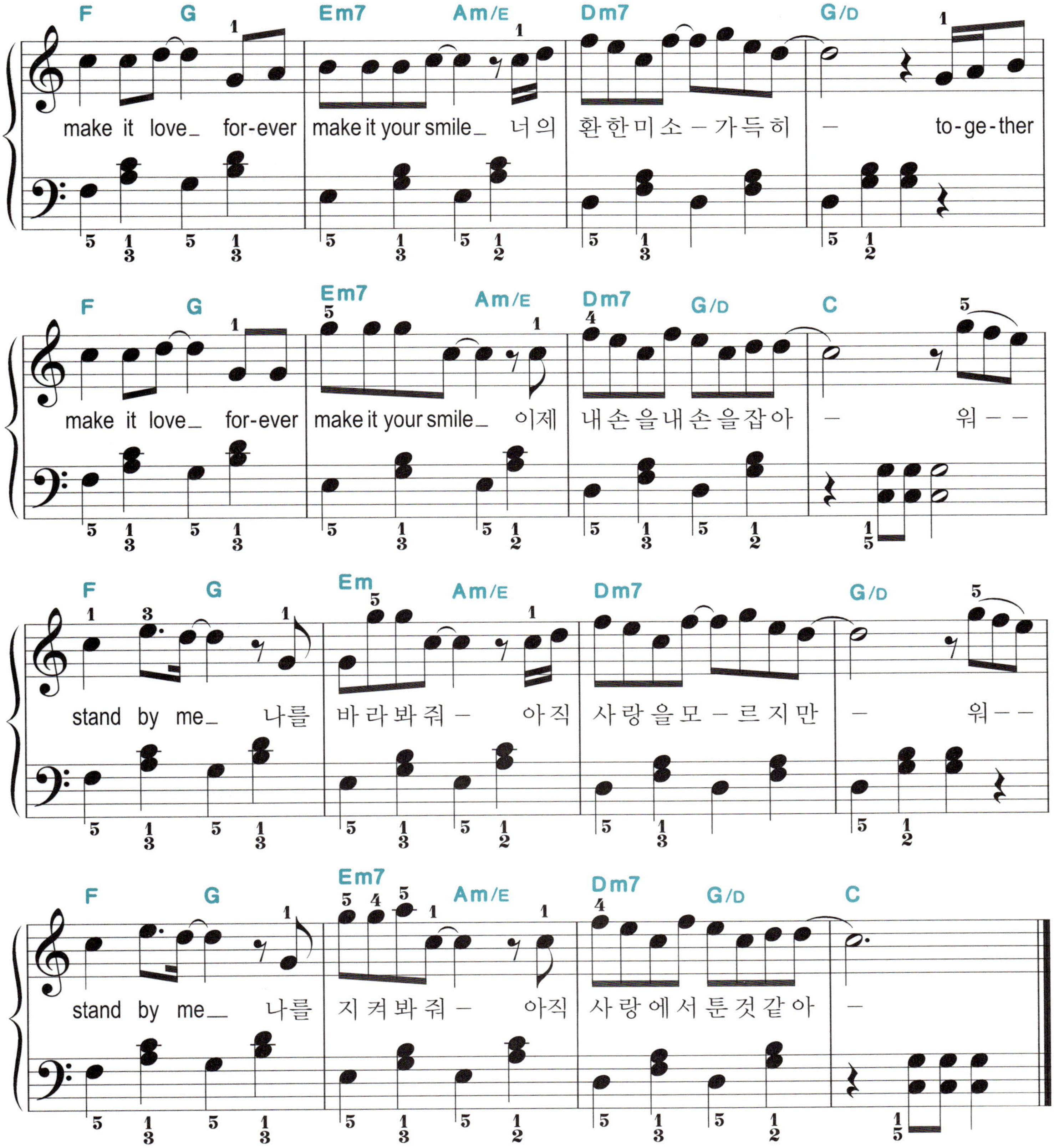

make it love_ for-ever make it your smile_ 너의 환한미소 – 가득히 – to-ge-ther
make it love_ for-ever make it your smile_ 이제 내손을내손을잡아 – 워 – –
stand by me_ 나를 바라봐줘 – 아직 사랑을모 – 르지만 – 워 – –
stand by me_ 나를 지켜봐줘 – 아직 사랑 에서툰것같아 –

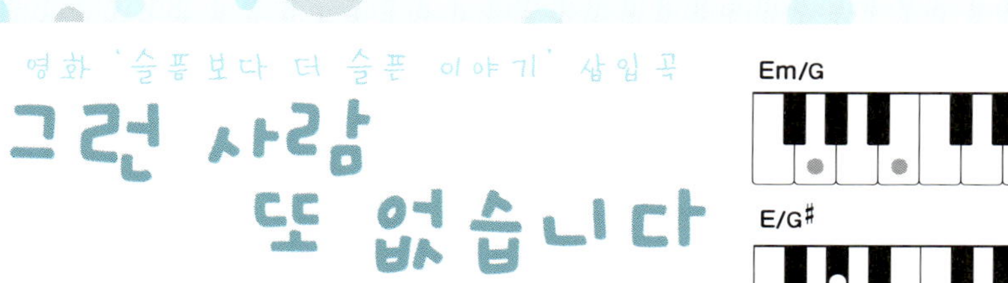

영화 '슬픔보다 더 슬픈 이야기' 삽입곡

그런 사람 또 없습니다

강은경 사 | 조영수 곡 | 이승철 노래

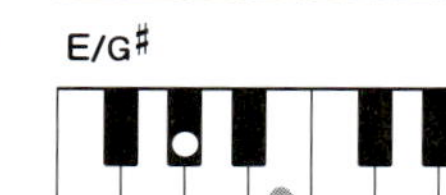

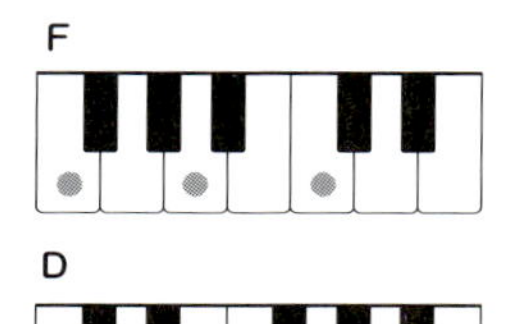

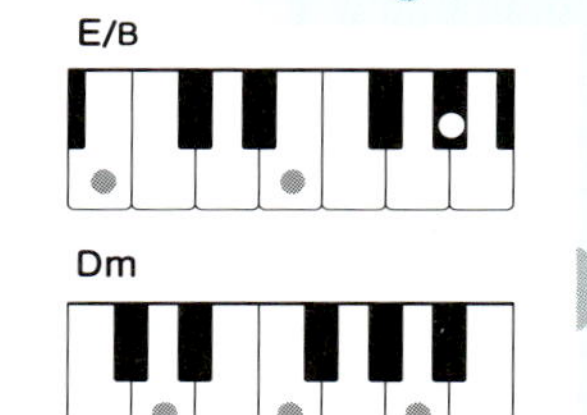

사용코드

Em/G
F
E/B
E/G♯
D
Dm

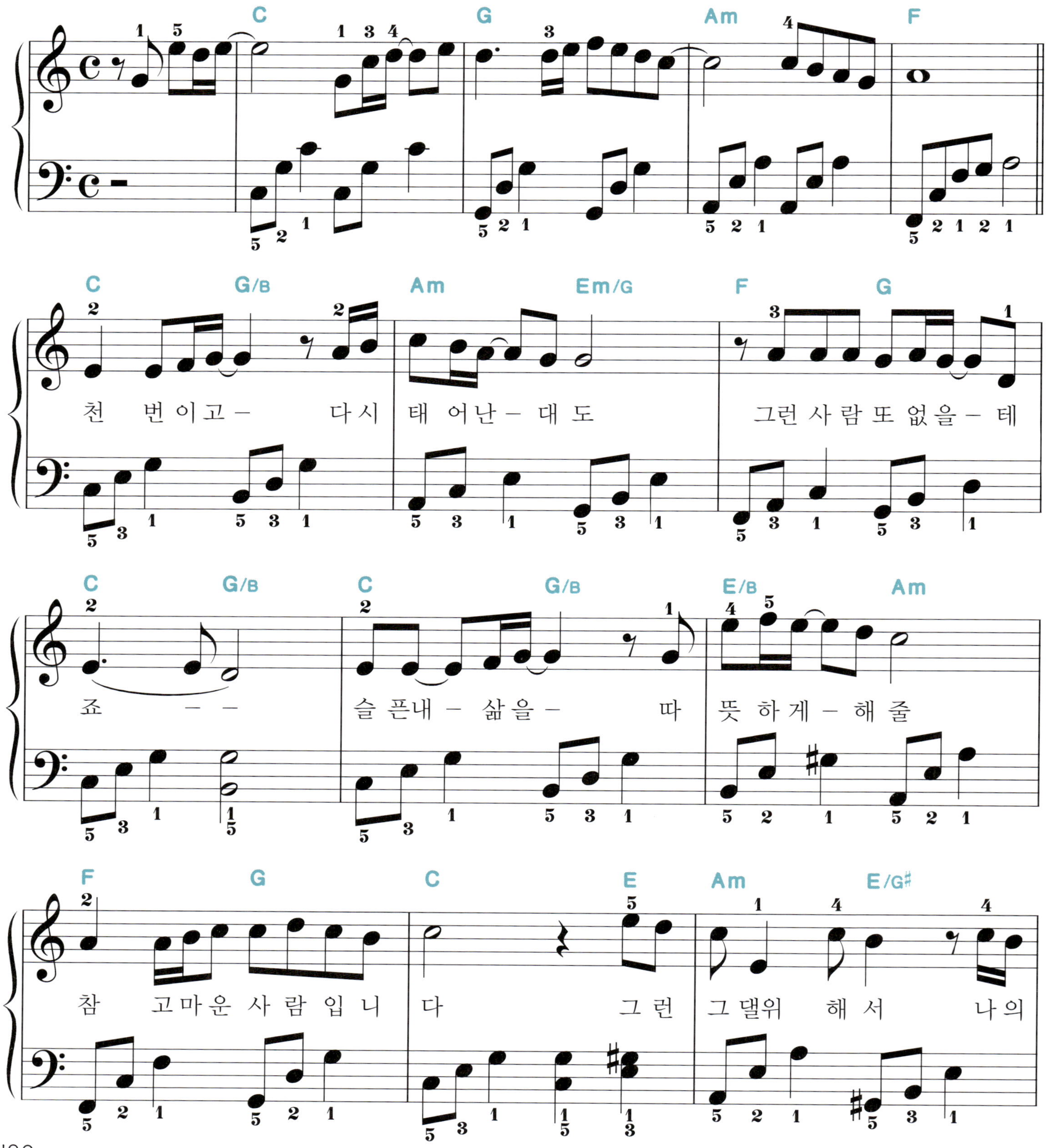

C G Am F
C G/B Am Em/G F G
천 번이고 – 다시 태 어난 – 대 도 그런 사 람 또 없을 – 테
C G/B C G/B E/B Am
죠 – – 슬 픈내 – 삶 을 – 따 뜻 하 게 – 해 줄
F G C E Am E/G♯
참 고 마운 사 람 입 니 다 그 런 그 댈위 해 서 나 의

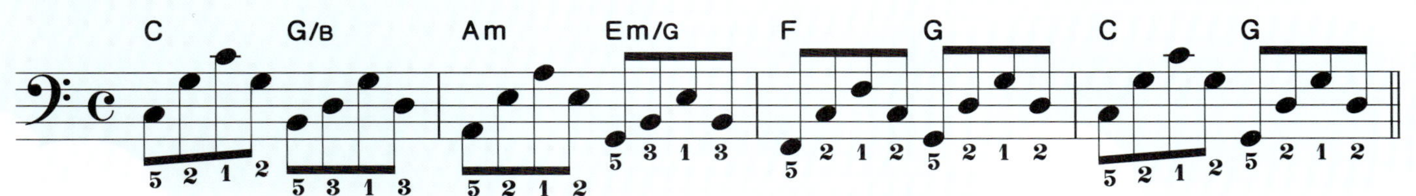

• 변형된 아르페지오 리듬으로도 반주해 보세요.

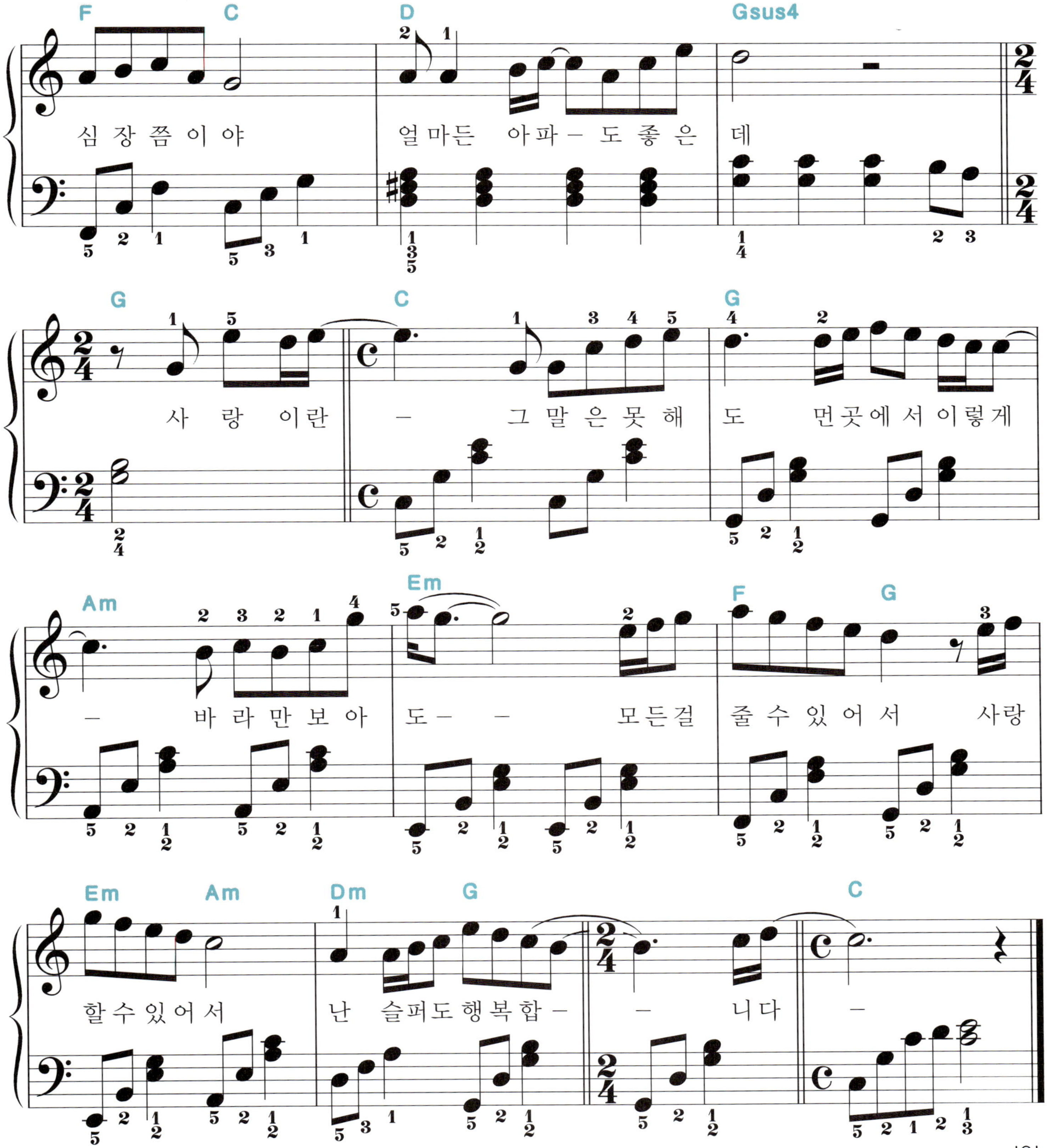

C G/B Am Em/G F G C G

F C D Gsus4
심 장 쯤 이 야 얼 마 든 아 파 – 도 좋 은 데
G C G
사 랑 이 란 – 그 말 은 못 해 도 먼 곳 에 서 이 렇 게
Am Em F G
– 바 라 만 보 아 도 – – 모 든 걸 줄 수 있 어 서 사 랑
Em Am Dm G C
할 수 있 어 서 난 슬 퍼 도 행 복 합 – – 니 다 –

전화 한번 못하니

민영기, Misty 사 | 민영기 곡 | 왁스 노래

사용코드

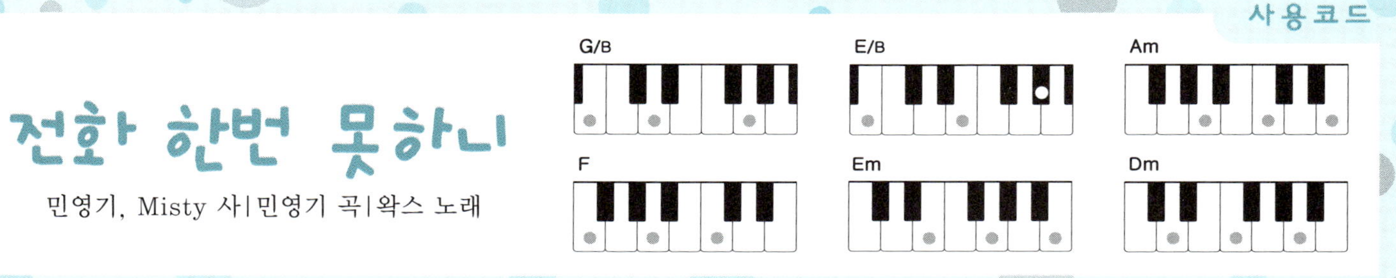

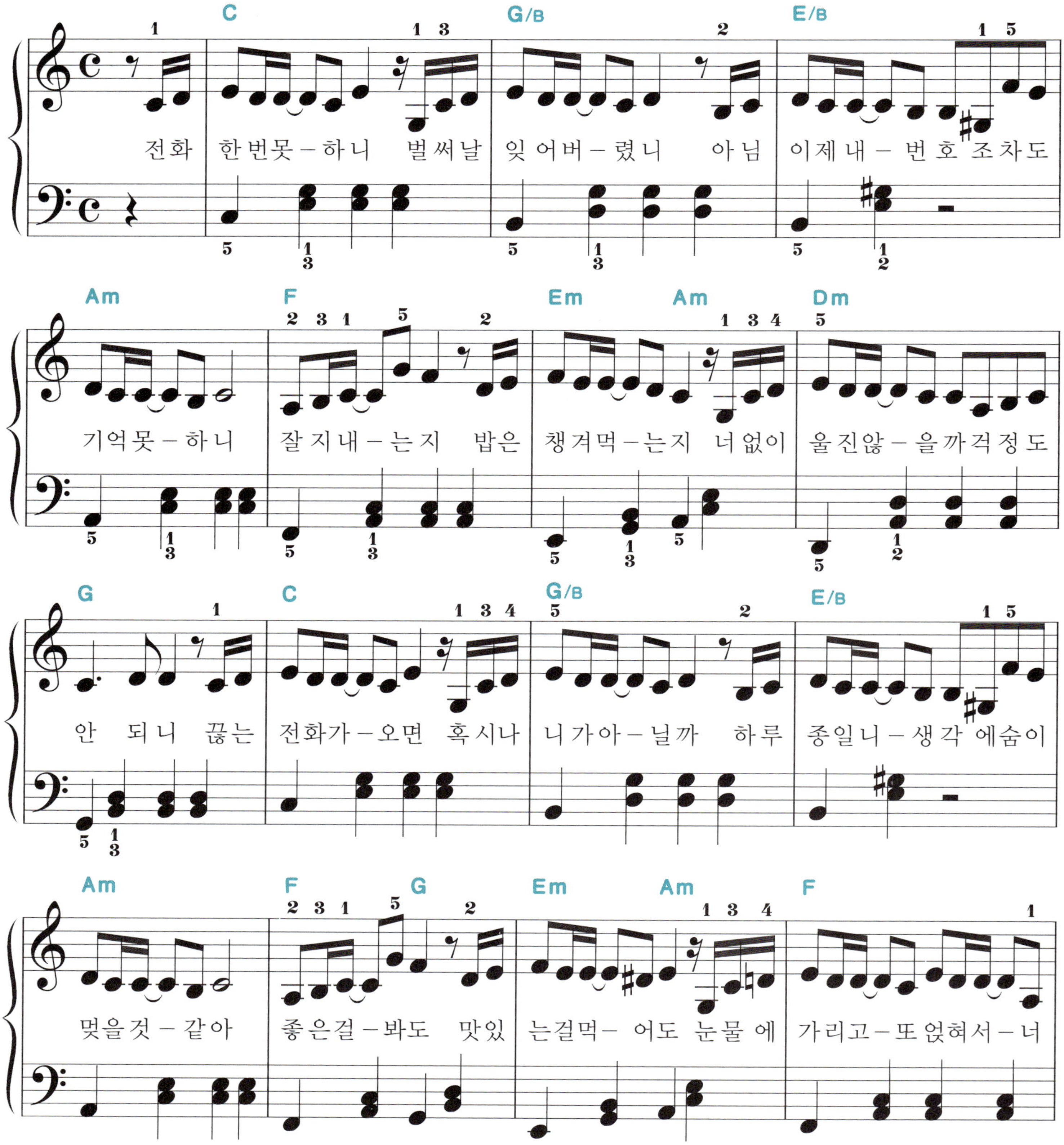

• 칼립소 리듬으로도 반주해 보세요.

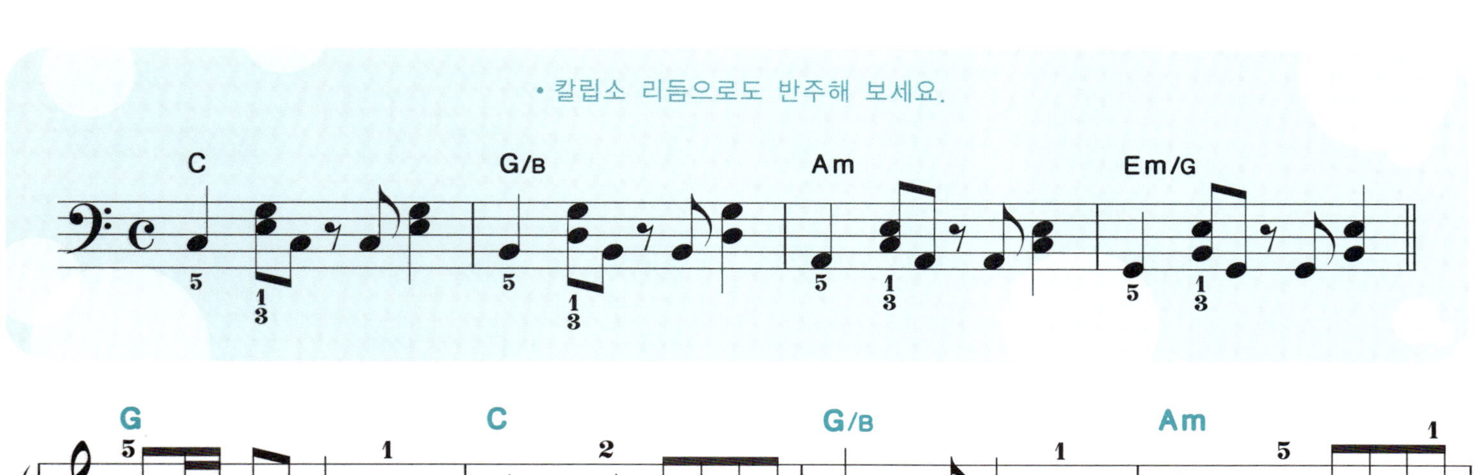

C
G/B
Am
Em/G

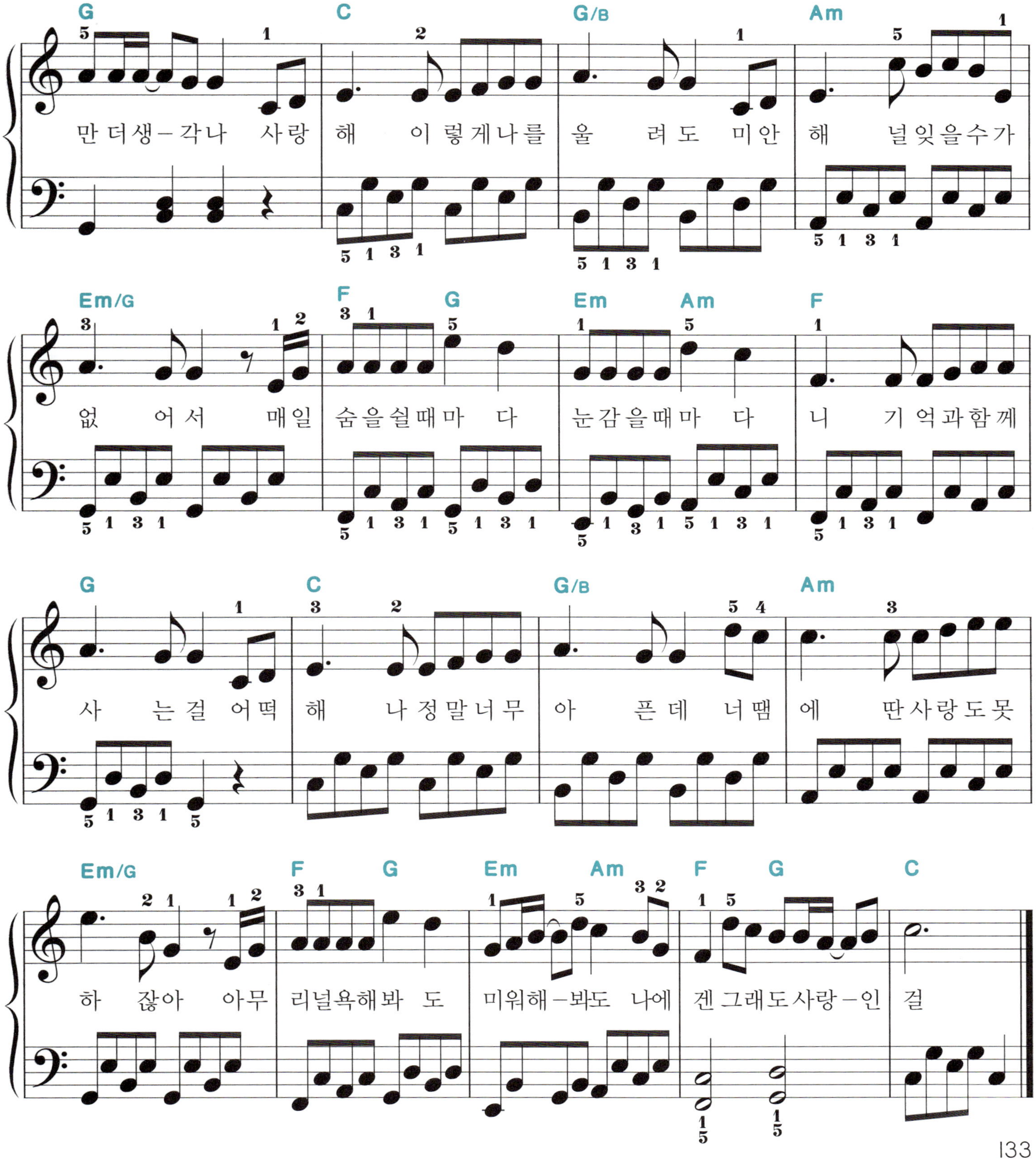
G C G/B Am
만 더 생 – 각 나 사 랑
해 이 렇 게 나 를
울 려 도 미 안
해 널 잊 을 수 가
Em/G F G Em Am F
없 어 서 매 일
숨 을 쉴 때 마 다
눈 감 을 때 마 다
니 기 억 과 함 께
G C G/B Am
사 는 걸 어 떡
해 나 정 말 너 무
아 픈 데 너 땜
에 딴 사 랑 도 못
Em/G F G Em Am F G C
하 잖 아 아 무
리 널 욕 해 봐 도
미 워 해 – 봐 도 나 에
겐 그 래 도 사 랑 – 인
걸

나쁜 여자야

류재현 사 | 류재현 곡 | FT아일랜드 노래

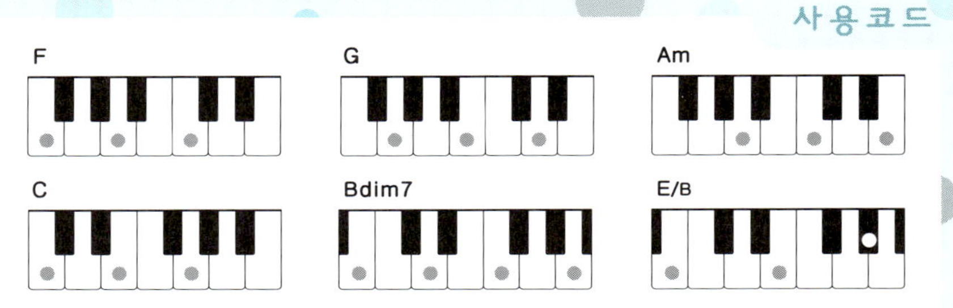

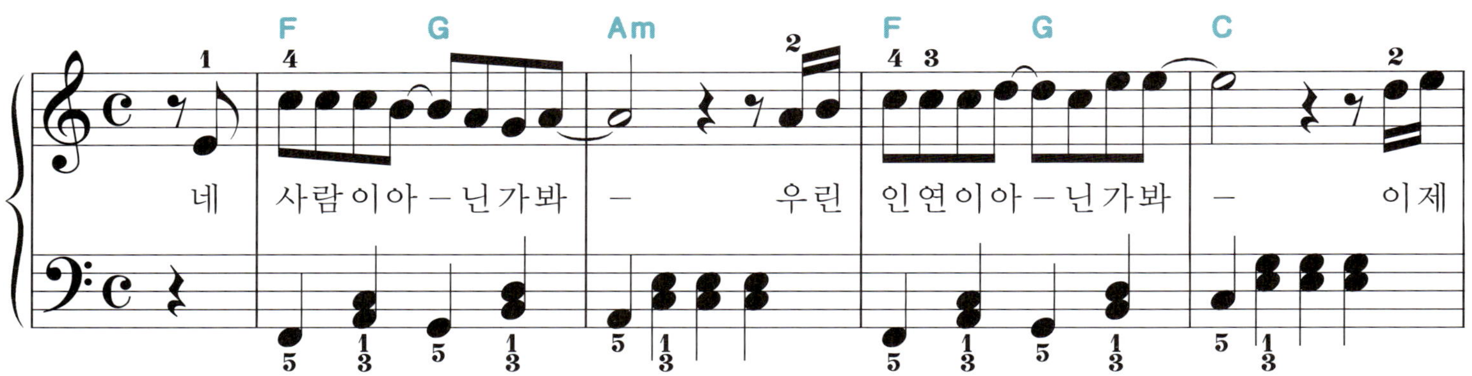

• 아르페지오 리듬으로도 반주해 보세요.

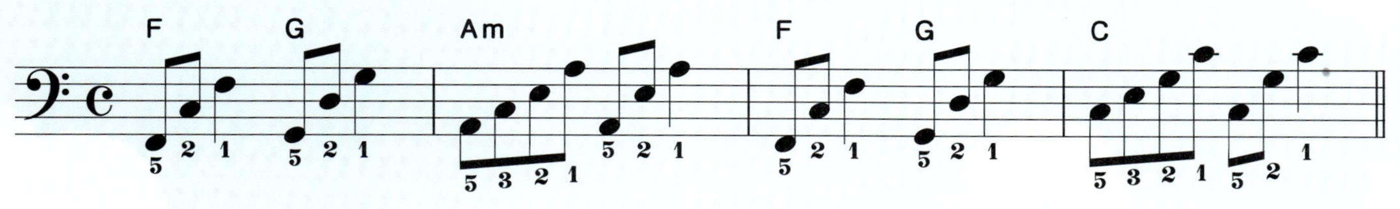
F G Am F G C

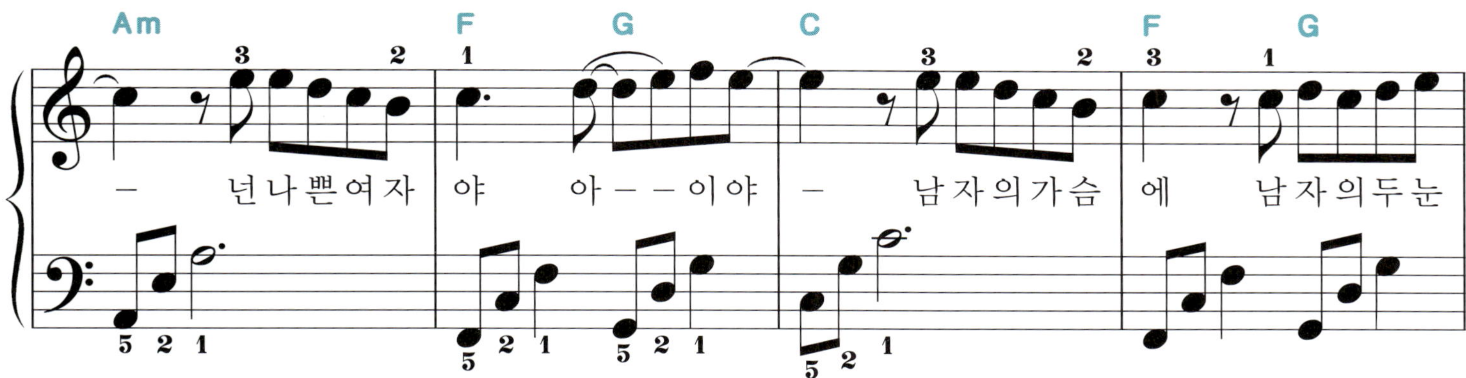
Am F G C F G
넌 나쁜 여자 야 아 — — 이야 — 남자의가슴 에 남자의두눈

Am F G C F G
에 눈물 나 게 하는거니 — 넌 나쁜 여자 야 아 — 이야

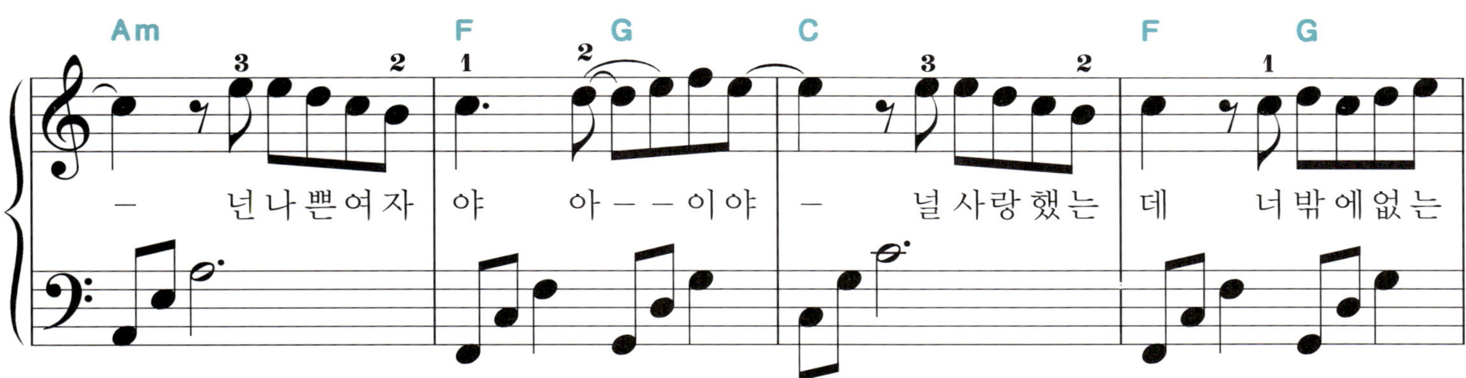
Am F G C F G
— 넌 나쁜 여자 야 아 — — 이야 — 널 사랑했는 데 너밖에없는

Am F G Am F G C
데 결국 나 를 떠나가는 — 넌 나쁜 여자 야 — —

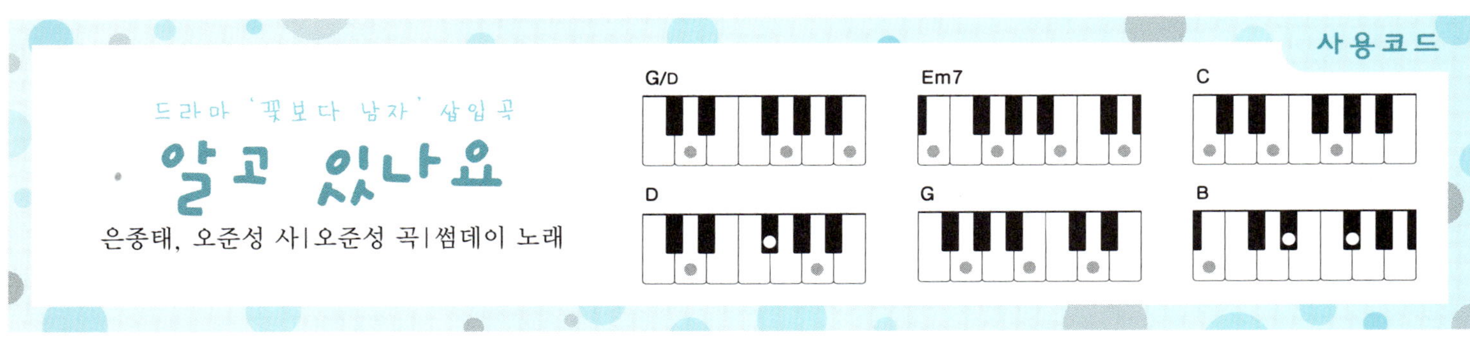

드라마 '꽃보다 남자' 삽입곡

알고 있나요

은종태, 오준성 사 | 오준성 곡 | 썸데이 노래

사용코드

G/D
Em7
C
D
G
B

G/D Em7 C D
난 햇살에눈 – 이부신 – – 싱그 런아침이 – 오 면 –
G/D C D Em C D
– 사랑 에눈을뜨 – 며 노 랠 해요 – 오직 그대 하나만위 – 해
Em G/D D Em
서 – – for you I love you on - ly you 설레
C D G/D C B
이는맘가 – 득 해 – – 향기 로운커피 – 보다부

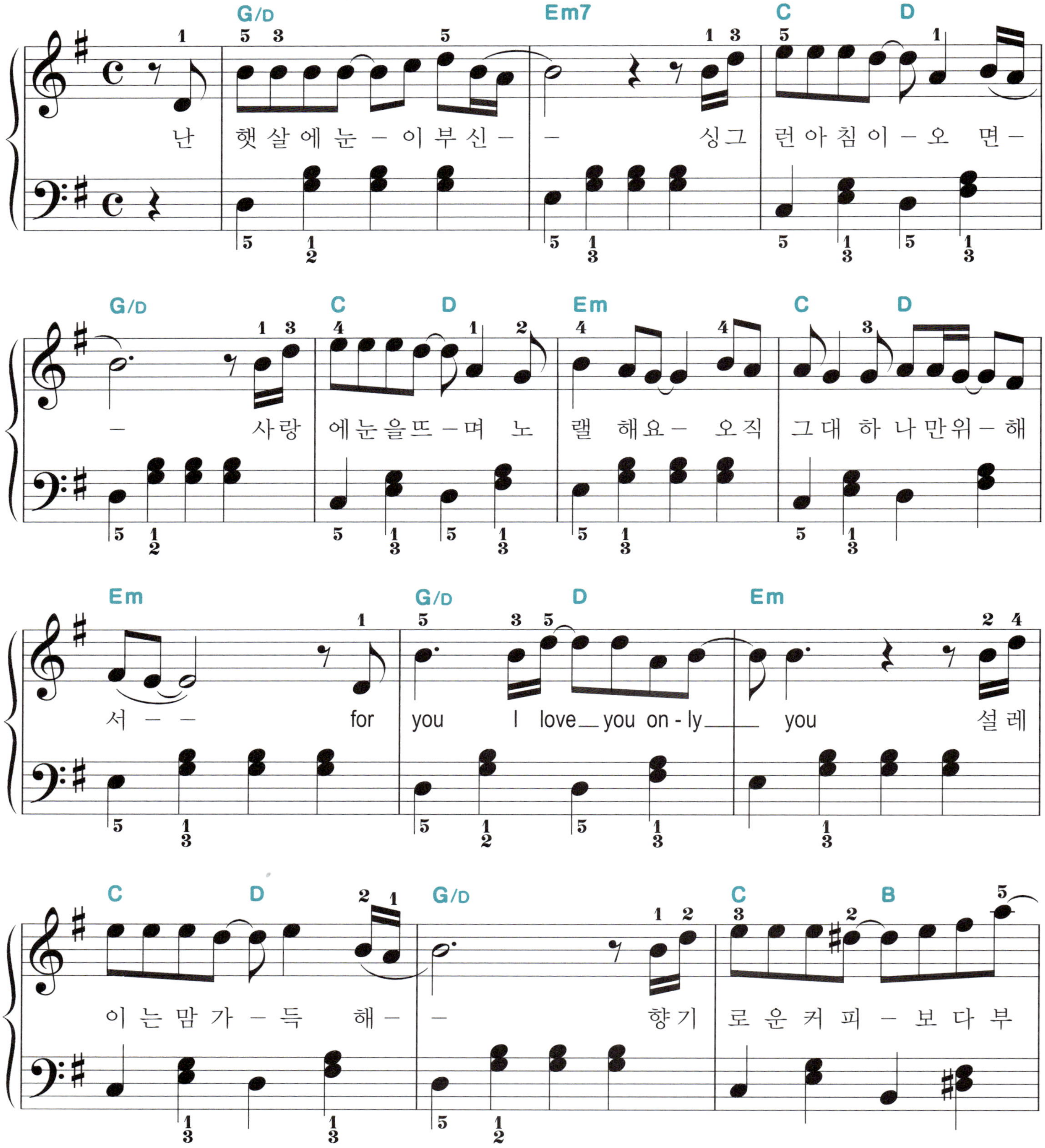

아르페지오 리듬으로도 반주해 보세요.

- 드러운 - 나의 숨결로 - 그대 - 를보 - 아 요 - - - 아나
요 그대 - 는 - 느끼죠 그대 - 도 - 가슴 이 말 하 고 있 - 는 - - 사
랑 이 란 - 걸 요 들 려 요 이 제 는 - 보 아 요 이 제 - 는꽃 - 보
다 더 아 - 름 다 - 운 - - 수 좁 은 마 - 음 - 을 - -

You Raise Me Up

북아일랜드 민요

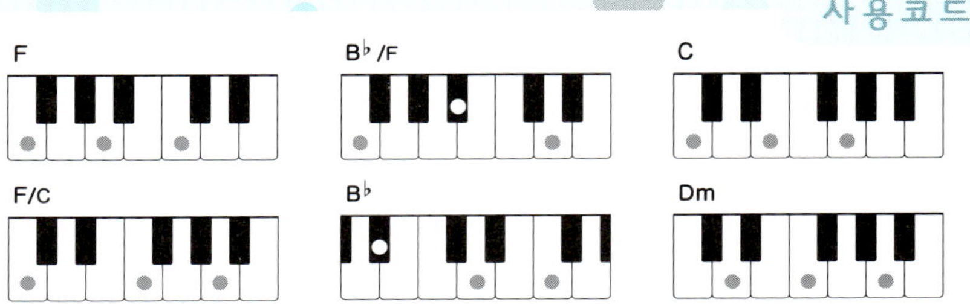

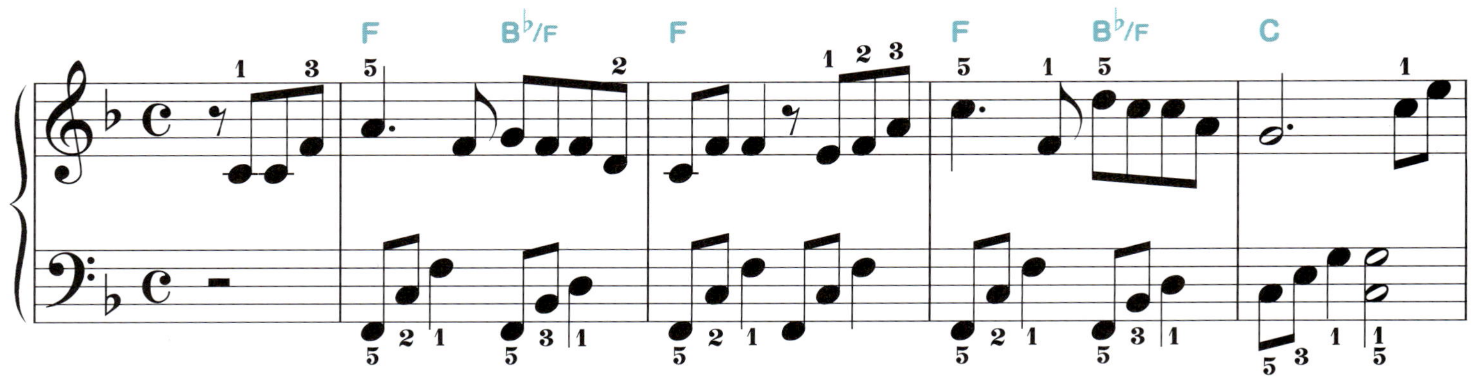

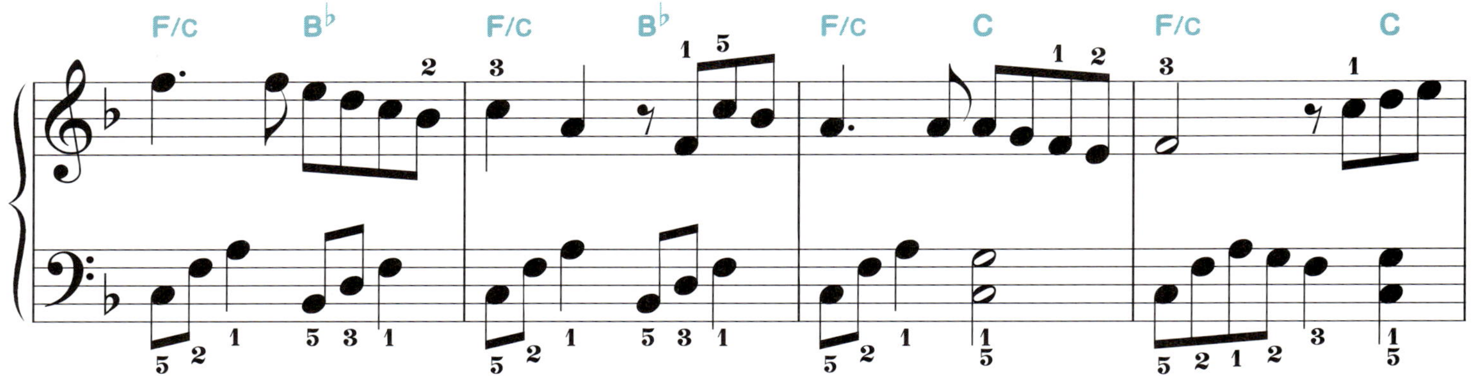

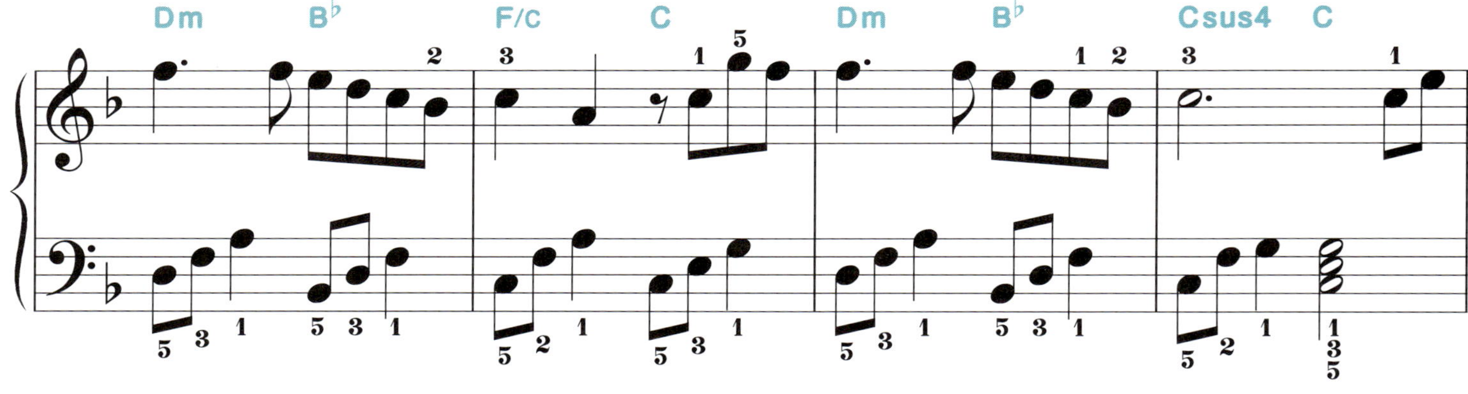

• 변형된 아르페지오 리듬으로도 반주해 보세요.

F   Bb/F   F   F   Bb/F   C
G   C/G   G   C/G   D
G/D   C   G/D   C   G/D   D   G/D   D
Em   C   G/D   D   Em   C   Dsus4   D
Em   C   G/D   D   G/D   G

139

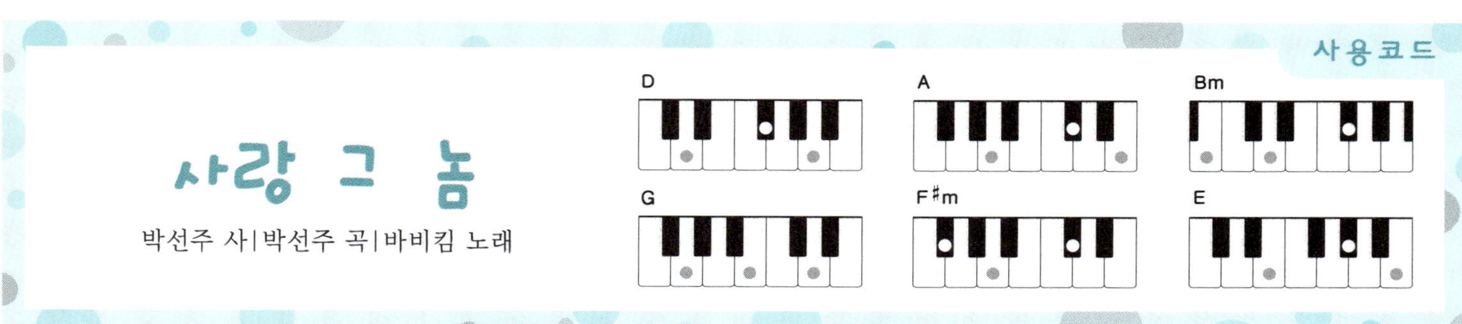

사랑 그 놈

박선주 사 | 박선주 곡 | 바비킴 노래

• 변형된 아르페지오 리듬으로도 반주해 보세요.

거위의 꿈
이적 사 | 김동률 곡 | 인순이 노래

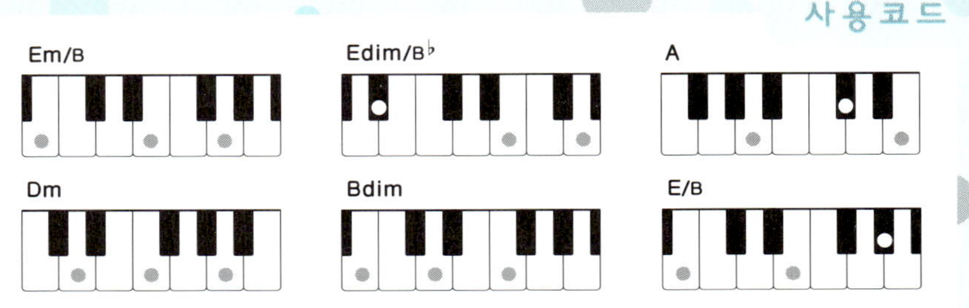

사용코드
Em/B
Edim/B♭
A
Dm
Bdim
E/B

C   Em/B   Edim/B♭ A   Dm   Dm/C
난 난 꿈이있-었- 죠 버 려지고-찢- 겨 남루하-여 도
혹 때 론누군-가- 가 뜻 모를비-웃- 음 내 등뒤에-흘릴 - 때도-

1.Bdim E/B   Am   Am/G#   C/D   D   G/D
내 가슴깊-숙- 히 보물과-같- 이 간직했-던- 꿈

2.Bdim E/B   Am   Am/G#   C/D   D   G/D
난 참아야-했죠 - 참 을수있-었죠 - 그 날을-위 해

C   F/C   B♭   C
늘 걱정하-듯말 - 하죠- 헛 된 꿈은독이라- 고 -세상

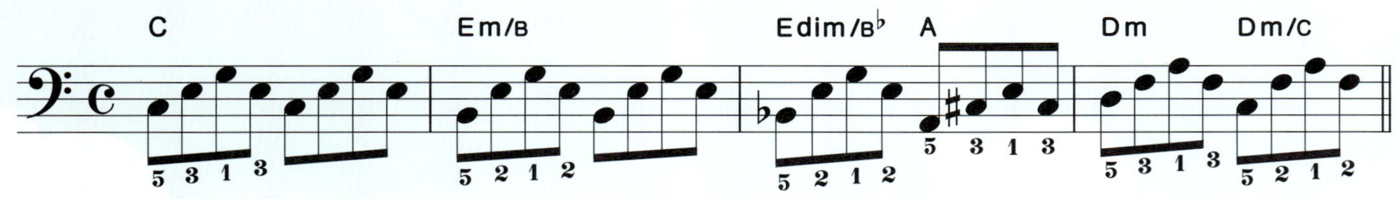

• 아르페지오 리듬으로도 반주해 보세요.

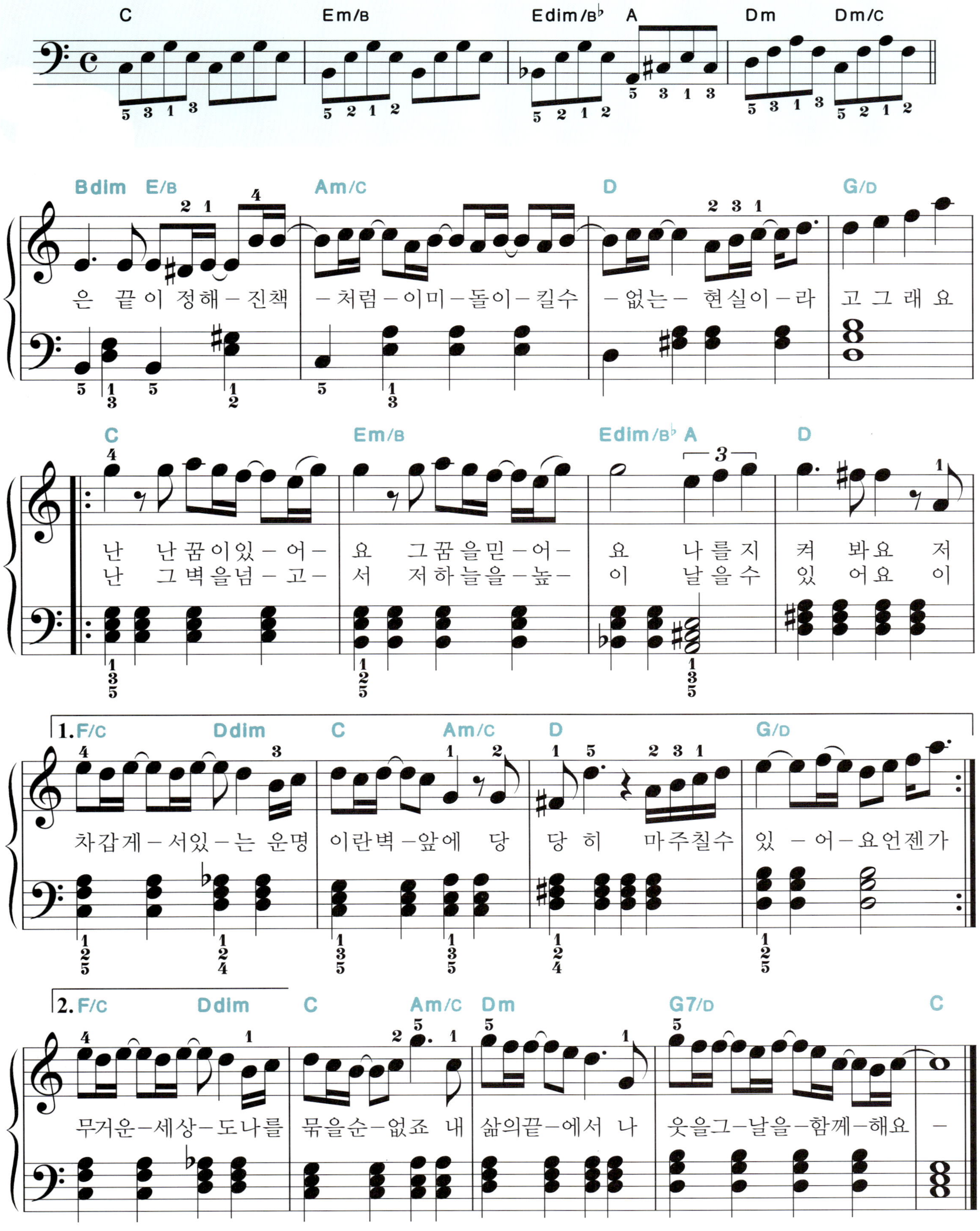
C Em/B Edim/B♭ A Dm Dm/C
Bdim E/B Am/C D G/D
은 끝이 정해－진책 －처럼－이미－돌이－킬수 －없는－ 현실이－라 고 그 래 요
C Em/B Edim/B♭ A D
난 난꿈이있－어－ 요 그꿈을믿－어－ 요 나를지 켜 봐요 저
난 그벽을넘－고－ 서 저하늘을－높－ 이 날을수 있 어요 이
1. F/C Ddim C Am/C D G/D
차갑게－서있－는 운명 이란벽－앞에 당 당 히 마주칠수 있 －어－요언젠가
2. F/C Ddim C Am/C Dm G7/D C
무거운－세상－도나를 묶을순－없죠 내 삶의끝－에서 나 웃을그－날을－함께－해요 －

발 행 일 2010년 3월 5일
발 행 처 아름출판사
주   소 경기도 고양시 일산동구 중산동 1584-2
         http://www.armusic.co.kr
전   화 1588-1743(대표)
         (031)977-1881~2(영업부)
         (031)977-1883~4(편집부)
팩   스 (031)977-1885
등   록 1987년 12월 9일 제2001-7호

편   곡 조지영
발 행 인 성강환
편 집 인 편집부

본 도서는 무단 복사, 전재할 수 없음(파본은 교환해 드립니다)

ISBN 978-89-8377-619-8   13670

값 7,000원